JN126702

改訂

特別の教育的ニーズがある子どもの理解

介護等体験でも役立つ知識と技能

中瀬 浩一

井上 智義

樹村房

はじめに

　本書は以下の読者を想定して執筆しています。

　大学等の教職課程において「特別の支援を必要とする幼児，児童及び生徒に対する理解」を内容とする科目が，2019年度から必修とされることに伴い，そのためのテキストとしての役目を果たすことを第一の目的に作成しました。インクルーシブ教育が進む中，すべての学校園において，特別支援教育が行われることを鑑みて，幼稚園・小学校・中学校・高等学校などの教員になるための修得科目のひとつに，文部科学省が初めて単独科目として必修化しました。この科目には，障がい等による特別の支援を必要とする子どもの教育に関する理解とともに，障がいはないが母国語等により特別の教育的ニーズのある子どもに関する教育が含まれています。両者の内容を取り入れて作成されているテキスト類はほとんど見当たらないことが執筆のきっかけとなっています。

　また，現在，小学校または中学校教員の免許状を取得するにあたっては，「介護等体験」が義務づけられており，大学等において，取得を希望する学生に対して，特別支援学校の教育や福祉施設等での生活に関する知識・理解に関する事項の事前指導が行われています。本書は，その事前指導や事前学習にも役立てられるよう内容の構成を検討しました。

　本書のコンセプトして，いわゆる「ハウツー」を羅列した内容とはなっていないことがあります。「特別の教育的ニーズのある子ども」の教育に関して，それぞれの障がい種ごとに優良な専門的書籍が多く存在していますし，特別支援教育全般に関する良書も多くあります。本書は，障がい種別の教育方法やいわゆる学習として「覚えるべき」要点をまとめた書ではなく，特別の教育的ニーズのある子どもについて初めて学ぶことになるであろう人を想定して，障がいをどうとらえるか，教育的ニーズのある子どもが教室にいたときどのような視点が必要か，これからの超高齢化社会を意識したライフスタイルをどう考えていくか，等について，その「足がかり」「入門」として誘うことを念頭においています。そのため，本書の内容は考えるきっかけを与える事項をトピックス的に取りあげるとともに，見開き1タイトルとして，左項に解説，右項に

図表を基本として，どこからでも読み進めることができるようになっています。読みやすさを考えた構成をしていることから，教職課程で学ぶ学生だけでなく，特別支援学校や小中高等学校等の教員にとっても，「特別の教育的ニーズ」について考えを深めるきっかけになるものと確信しています。教室の中にいる「特別の教育的ニーズ」のある子どもへの直接的な指導や支援に関心が向かいやすいですが，少し離れてみてもう一度考え直したり，見方を拡げたりすることに役立つと思います。

　執筆は，特別支援教育を専門とする中瀬がⅠ部とⅡ部を担当し，教育心理学を専門とする井上がⅢ部とⅣ部を担当しました。いずれの内容も，それぞれが大学での授業で実際に扱っているトピックスを多く取り入れていることも特徴といえます。各トピックスをきっかけに学生がどのような思考をめぐらし，意見交換を行うのかを想像しながら読んでいただければ幸いです。

　最後になりましたが，本書の出版に際して，いろいろご助言をいただき，そしてお世話になりました樹村房の大塚栄一氏にこの紙面を借りて感謝申し上げます。

　　2018年2月

中瀬　浩一

改訂にあたって

　初版発行から6年が経過し，内容的に古くなった項目や新たに追記すべき項目を精選して，改訂版の発行に至りました。「特別な教育的ニーズ」は，「個別の教育的ニーズ」と言い換えることができ，教師としてどのようなことを知り，考え，実践していくかが重要です。子どもの出生数の減少が続き，小中高校生の数は減り続けているのに，特別支援学校・特別支援学級・通級指導教室や通常の学級で支援・配慮が必要とされる子どもは大きく増えています。本書が引き続き，小・中・高等学校の教員を目指す教職課程の学生や現場の教員にとって，その考え方，見方の転換につながればとてもうれしく思います。

　　2024年2月

中瀬　浩一

も く じ

I

特別支援教育の理念と
「障がい」のとらえなおし

Ⅰ−1　特別支援教育の理念

　2007(平成19)年度から始まった特別支援教育では，子ども一人一人の教育的ニーズに応じて適切な教育的支援を行うことが掲げられている。

　制度開始前年の2006年６月に「学校教育法等の一部を改正する法律」が成立した。第75条には，小学校，中学校，高等学校，中等教育学校及び幼稚園においては，教育上特別の支援を必要とする児童，生徒及び幼児に対し，障がいによる学習上または生活上の困難を克服するための教育を行うものとしていることからも，障がいのある子どもたちの教育は特別な教育の場だけで行うものではなく，すべての教育機関で行うべきものであることが明記された。

　したがって，学校教員になろうとするとき，授業を行う教室に中に，障がいのある子どもがいることが「当たり前」であるという認識が必要になる。

　文部科学省では，2022年３月から「障害の有無にかかわらず誰もがその個性や能力を伸ばし発揮できる環境の整備を推進する」ことを目的に「今後の特別支援教育の在り方に関するタスクフォース」を検討し下記のような成果をまとめた。

　　1　高等学校段階における障害のある生徒への支援
　　　　高等学校は，入学者選抜の存在や通信制や定時制といった制度の多様性など，義務教育段階とは異なる面があるが，特別支援教育を受ける生徒の数は年々増加。高等学校において，障害を含めた多様な生徒を受け入れるための支援を充実させる方策を検討する必要がある。
　　2　病気療養児への教育支援
　　3　特別支援学校の施設整備

https://www.mext.go.jp/content/20220613-mxt_tokubetu02-100002908-1.pdf

　特別支援教育に関する最新の動きは，文部科学省のホームページに参考になる。URL と QR コードで示す。

https://www.mext.go.jp/a_menu/shotou/tokubetu/main.htm

▶考えてみよう　何が「特別」なのだろうか？

表I-1　特別支援教育に関する最近の年表

2003（平成15）年3月	「今後の特別支援教育の在り方について」報告
2005（平成17）年12月	中央教育審議会答申「特別支援教育を推進するための制度の在り方について」
2006（平成18）年6月	学校教育法等の一部を改正する法律が成立（特別支援学校制度の創設／小・中学校等における特別支援教育の推進／盲学校，聾学校，養護学校ごとの教員の免許状を特別支援学校の教員の免許状とするなど）
2006（平成18）年12月	国連「障害者の権利に関する条約」採択
2007（平成19）年4月	特別支援教育制度施行
9月	「障害者の権利に関する条約」日本署名
2009（平成21）年12月	「障害者制度改革推進本部」設置
2011（平成23）年	障害者基本法改正（「障害者の権利に関する条約」の国内法整備の一環として改正。合理的配慮概念の導入）
2012（平成24）年7月	「共生社会の形成に向けたインクルーシブ教育システム構築のための特別支援教育の推進（報告）」 「障害者の日常生活および社会生活を総合的に支援するための法律（障害者総合支援法）」公布。2013年4月施行。
2013（平成25）年6月	「障害を理由とする差別の解消の推進に関する法律（障害者差別解消法）」公布
2014（平成26）年1月	「障害者の権利に関する条約」批准
2月	「障害者の権利に関する条約」効力発生
2015（平成27）年4月	高等学校・特別支援学校高等部における遠隔教育の制度化
2016（平成28）年4月	「障害者差別解消法」施行
2016（平成28）年8月	改正発達障害者支援法施行（平成28年6月改正）
2017（平成29）年4月	通級による指導の教員定数の基礎定数化（平成29年3月義務標準法改正）
2018（平成30）年4月	高等学校等における通級による指導の制度化（平成28年12月学校教育法施行規則等改正）
9月	小中学校段階の病気療養児に対する同時双方向型授業配信の制度化（通知）
2019（令和元）年9月	「新しい時代の特別支援教育のあり方に関する有識者会議部」設置
11月	高等学校等におけるメディアを利用して行う授業に係る留意事項について（通知）
2020（平成2）年4月	学校教育法施行規則改正（高等学校等における病気療養中等の生徒に対するメディアを利用して行う授業の単位修得数等の上限を緩和）

[→資料1〜8，10参照]

Ⅰ-2　インクルーシブ教育システム

　インクルーシブ教育システムの基本的な考え方は，障がいのある子どもが地域の学校・学級に単に「入っていれば」よいというものではない。共生社会を形成していくために，子どもの頃からの環境の改善を目指すとともに，障がいのある子ども自身の発達を補償しつつ，教育的ニーズに見合った教育のあらゆる選択肢を準備していこうとするものである。

　障がいのある子どもが排除されず，地域の学校・学級に在籍し，その子どもの教育的なニーズに見合った教育を受けることができる，これは実現可能なものなのだろうか？　すべての地域・学校において，障がいのある子どもと障がいのない子どもが同じ教室でともに学び合うことは可能なのだろうか？　特別支援学校に在籍する子どもは，居住する地域の学校でともに学ぶ機会はあるのだろうか？　それは効果的なのだろうか？　地域の学校にその子どもの障がいに状況に見合った専門的な教育を実施することは可能なのだろうか？

　聴覚障がいの子どもが地域の学校で学ぶとき，音声情報の入りにくいことを補うための手段・配慮・支援があれば，学びや友人関係を保障することができるのだろうか？　必ずしもそうとは言い切れない。聴覚障がいの子どもの中には，日本語の習得が不十分な子どもが少なからずいて，音声言語を文字に置き換えられたとしても，書かれた日本語を読んで意味を正しく理解できにくい子どもたちがいる。だからこそ，聴覚特別支援学校においては，教科指導と日本語指導が両輪のように一体となって指導が進められている。外国の映画に字幕があったとしても，難解な日本語字幕であれば，そのことばや使い方がわからない子どもは読めても意味が伝わらないことと似ている。子どもの日本語力に合った日本語訳の字幕が必要になる。子どもの教育的ニーズの中には，本人や保護者の要望だけではなく，子どもの持つ能力や特性に見合ったニーズという意味合いが隠されている。その教育的ニーズを誰が，いつ，どのようにして見極め，教育を受ける場をどのように決めるのかについては，ケースバイケース，個別に対応せざるをえない。地域の学校で障がいのある子どもを排除しない教育を進めていくということは，これらの検討を十分に行う必要があるといえる。

■インクルーシブ教育システム（inclusive education system）の基本的な考え方は，「人間の多様性の尊重等の強化，障害者が精神的及び身体的な能力等を可能な最大限度まで発達させ，自由な社会に効果的に参加することを可能とするとの目的の下，障害のある者と障害のない者が共に学ぶ仕組み」（障害者の権利に関する条約第24条）といえる。そのためには，障がいのある者が一般の教育システムから排除されないこと，自己の生活する地域において初等中等教育の機会が与えられること，個人に必要な「合理的配慮」が提供される等が必要とされている。

■文部科学省「共生社会の形成に向けたインクルーシブ教育システム構築のための特別支援教育の推進（報告）」（平成24年7月23日，初等中等教育分科会，http://www.mext.go.jp/b_menu/shingi/chukyo/chukyo3/044/houkoku/1321667.htm，参照2017-12-01）には，「インクルーシブ教育システムにおいては，同じ場で共に学ぶことを追求するとともに，個別の教育的ニーズのある幼児児童生徒に対して，自立と社会参加を見据えて，その時点で教育的ニーズに最も的確に応える指導を提供できる，多様で柔軟な仕組みを整備することが重要である。小・中学校における通常の学級，通級による指導，特別支援学級，特別支援学校といった，連続性のある『多様な学びの場』を用意しておくことが必要である。」と書かれている。

［→資料6・7参照］

1クラスの人数は何人？

　小学校の1学級あたりの児童数は35人と法律で決められていますが，特別支援学校や特別支援学級も1学級の人数は35人なのでしょうか？
　これは特別支援教育について学びはじめた人が抱く「疑問」のひとつです。
　法律上の一学級あたりの子どもの数は，小中学校に設置されている特別支援学級は8人，特別支援学校は6人となっています。詳しくは資料13・14（p.194～）をご覧ください。

▶**考えてみよう**　2022年9月に国連障害者権利委員会が日本に勧告を行っています。どんな内容で，それに対する日本政府の対応から，日本におけるインクルーシブ教育の課題を考えてみよう。

Ⅰ-3　ICF を活かす

　世界保健機関（WHO）が発表した人間の障がいについての分類方法には1980年の「国際障がい分類（International Classification of Impairments, Disabilities and Handicaps：ICIDH）」と，その改訂版としての2001年の国際生活機能分類（International Classification of Functioning, Disability and Health：ICF）がある。

　ICIDH の考え方は，「疾病 → 機能障害 → 能力障害 → 社会的不利」という流れとなっていた。つまり，その人の社会生活の中での生きにくさは，その人の疾病（障がい）が原因で発生するという人間の負の側面から障がいをとらえるものだった。社会的な不利を軽減解消するためには疾病や障がいをなくしていくことしか想定されていなかった。

　ICF はもっと中立的な立場で人間を理解していこうとするもので，健康な生活を送っている人間はどのような機能が発揮されているかを，「心身機能・身体構造」「活動」「参加」というレベルに分類した。そして，その生活機能が損なわれた状態を「障がい」ととらえるようにした。「機能障害（構造障害を含む）」「活動制限」「参加制約」となって表される。ICF の英語名は「生活機能・障害・健康の国際分類」となっている。

　さらに，これらの人間の生活機能の発揮の状況や障がいに対して影響を与える要素を「背景因子」とよび，「環境因子」と「個人因子」があるとした。脳性まひで歩行が困難で，車いすがないと移動ができず，段差のある公共施設には行けない，という見方からは，次の解決策が見えにくくなっている。エレベーターがあったり，周りの人のちょっとしたサポートがあれば公共施設施設に行くことや移動も可能になってくる。

　「～ができない」という捉え方から，「○○すれば，△△ができるようになる」というとらえ方への変化は，障がい者に関わる私たちや社会がどのように関わっていけばいいかの指標ともなる。また，その人を多角的にとらえるということは，より的確に実態を把握することにもつながる。学校教育場面では，より適切な子ども理解と今後の指導・支援の手立てが明らかになるだけでなく，関係者と共通の土台で情報を交換することにもつながる。

図Ⅰ-1　国際障がい分類の関連図

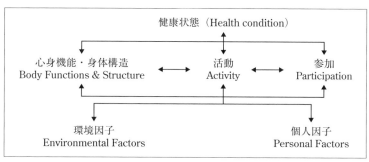

図Ⅰ-2　国際生活機能分類の関連図

■子どもの実態把握や指導支援を考える時に，ICFの関連図に記入すると理解しやすくなる。ICF関連図のシート例を図Ⅰ-3に示す。各空欄の上部に実態等を記入し，下部には配慮や支援など記入するとわかりやすくなる。

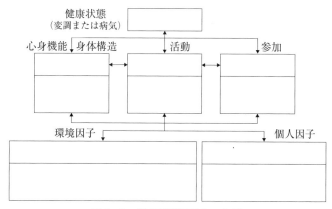

図Ⅰ-3　ICF関連図のシート例

▶考えてみよう　ICFを活用するために必要なことは？

I−4　特別支援学校―学校名からは対象とする障がい種がわかりにくい―

　2007(平成19)年度から特別支援教育制度は始まった。学校教育法が改正され，盲学校・聾学校・養護学校は法律上は特別支援学校に統一された。また，一つの特別支援学校が複数の障がい種に対応できるようになり，知的障がいの子どもと聴覚障がいの子どもが同じ学校に在籍することが可能になった。盲学校や聾学校は，地域によっては1校しかない県もあり，遠方から子どもが通学するには不便な場合もあったが，自宅近くのこれまで養護学校とよばれた特別支援学校が視覚障がいの子どもを受け入れることができるようになることで，通学にかかる保護者や子どもの負担の軽減が期待される。一見，非常によい制度に思えるが，課題も指摘されている。盲学校では視覚障がい教育の専門性を教員が継承発展させてきたが，同等の専門性を新たにできた知的障がいと視覚障がいを対象とする特別支援学校において，高い専門性を有した教員が配置されるだろうか？　盲学校からそのような教員が転勤していくことで，盲学校の専門性は低下しないだろうか？　特別支援学校の中には幼稚部・小学部・中学部・高等部があるが，そのすべてに特定の障がい種の専門性が高い教員を新たな学校に配置できるだろうか？　などである。

　さらに，学校を選択する保護者にとって，少々不便なことが生じる場合もある。これまでは学校名で対象となる障がい種がある程度判明できていた。盲学校は視覚障がい，聾学校は聴覚障がい，養護学校はそれ以外の知的障がい・肢体不自由・病弱というように。しかし，特別支援学校という名称では対象とする障がい種が学校名ではわかりにくくなってしまう場合がある。制度上は特別支援学校になったが，学校名は都道府県などの設置者が決めることができるため，盲学校は視覚特別支援学校，聾学校は聴覚特別支援学校などのように学校名から推察できやすくしている都道府県も多くある。また，あえてこれまでの学校名を継続しているところもある。各学校のホームページを見ると，トップ画面に学校名とともに対象とする障がい種が判別しやすいように工夫しているものも多くある。介護等体験で特別支援学校に行く前に，ホームページで対象とする障がい種を確認しておくことが必要である。　　　　　[→資料10参照]

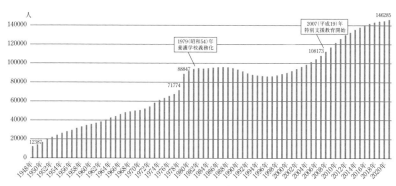

図Ⅰ-4　特別支援学校在学者の推移
（文部科学省「特別支援教育資料（令和3年度）」のデータをもとに筆者が作成。https://www.mext.go.jp/a_menu/shotou/tokubetu/material/1406456_00010.htm，参照2023-12-10）

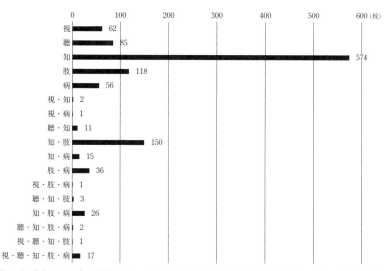

（視：視覚障がい，聴：聴覚障がい，知：知的障がい，肢：肢体不自由，病：病弱・身体虚弱）

図Ⅰ-5　各特別支援学校が受入を明示している障がい種別の学校数
（文部科学省「特別支援教育資料（令和3年度）」のデータをもとに筆者が作成。https://www.mext.go.jp/a_menu/shotou/tokubetu/material/1406456_00010.htm，参照2023-12-10）

▶**考えてみよう**　インクルーシブ教育が進められているが，特別支援学校在籍児数が増加しているのはどうしてなのだろうか？

I-5　特別支援学校の教育課程

　小学校や中学校の教育課程には下図に示すように，各教科（「特別の教科　道徳」を含む）・特別活動・総合的な学習の時間がある。特別支援学校では，幼稚園，小学校，中学校，高等学校に「準ずる教育」を行うとともに，これらの教育課程に加えて，自立活動がある。

各教科 （「特別の教科 道徳」を含む）	特別 活動	総合的 な学習 の時間	自立 活動

　特別支援学校学習指導要領には自立活動の目標として，「個々の児童又は生徒が自立を目指し，障害による学習上又は生活上の困難を主体的に改善・克服するために必要な知識，技能，態度及び習慣を養い，もって心身の調和的発達の基盤を培う。」（「特別支援学校小学部・中学部学習指導要領」第7章　自立活動）と記載されている。自立活動は，「健康の保持」「心理的な安定」「人間関係の形成」「環境の把握」「身体の動き」「コミュニケーション」の六つの内容に分かれて観点が示されている（表I-2）が，子どもの障がいの状態等に応じて弾力的な教育課程が編成できるようになっている。

　たとえば，知的障がい者を対象とする特別支援学校では，知的障がいの特徴や学習上の特性などを踏まえた独自の教科やその目標・内容が示されている。具体的には，生活に結びついた内容を中心に構成し，「教科別の指導」や「領域別の指導」の他に，各教科・特別活動・自立活動などを合わせた「領域・教科を合わせた指導」を組み合わせている。「領域・教科を合わせた指導」では，「日常生活の指導」や「生活単元学習」「作業学習」などが含まれる（図I-6）。

［→資料10・12参照］

▶考えてみよう　「自立」するって，どういうことだろうか？

表Ⅰ-2　自立活動の内容

１．健康の保持
　（1）　生活のリズムや生活習慣の形成に関すること。
　（2）　病気の状態の理解と生活管理に関すること。
　（3）　身体各部の状態の理解と養護に関すること。
　（4）　健康状態の維持・改善に関すること。
２．心理的な安定
　（1）　情緒の安定に関すること。
　（2）　状況の理解と変化への対応に関すること。
　（3）　障害による学習上又は生活上の困難を改善・克服する意欲に関すること。
３．人間関係の形成
　（1）　他者とのかかわりの基礎に関すること。
　（2）　他者の意図や感情の理解に関すること。
　（3）　自己の理解と行動の調整に関すること。
　（4）　集団への参加の基礎に関すること。
４．環境の把握
　（1）　保有する感覚の活用に関すること。
　（2）　感覚や認知の特性への対応に関すること。
　（3）　感覚の補助及び代行手段の活用に関すること。
　（4）　感覚を総合的に活用した周囲の状況の把握に関すること。
　（5）　認知や行動の手掛かりとなる概念の形成に関すること。
５．身体の動き
　（1）　姿勢と運動・動作の基本的技能に関すること。
　（2）　姿勢保持と運動・動作の補助的手段の活用に関すること。
　（3）　日常生活に必要な基本動作に関すること。
　（4）　身体の移動能力に関すること。
　（5）　作業に必要な動作と円滑な遂行に関すること。
６．コミュニケーション
　（1）　コミュニケーションの基礎的能力に関すること。
　（2）　言語の受容と表出に関すること。
　（3）　言語の形成と活用に関すること。
　（4）　コミュニケーション手段の選択と活用に関すること。
　（5）　状況に応じたコミュニケーションに関すること。

（文部科学省初等中等教育局特別支援教育課「特別支援学校小学部・中学部学習指導要領　第7章　自立活動」）

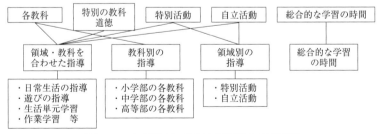

図Ⅰ-6　知的障がい特別支援学校の教育課程

（国立特別支援教育総合研究所ホームページに筆者が加筆修正。http://www.nise.go.jp/cms/resources/content/11519-20160411-132035.pdf，参照2017-12-01）

Ⅰ-6　特別支援学級と通級指導教室

　特別支援教育体制では，「連続性のある多様な学びの場」の整備が求められている。その結果，障がいのある子どもたちの教育の場は，図Ⅰ-7に示すように，特別支援学校だけではなく，小中学校内に設置された特別支援学級や，通常の学級に在籍しながら自立活動などの専門的な指導を受ける「通級による指導」，さまざまな支援を得ながら通常の学級で授業を受ける形態など多様化している。日本におけるインクルーシブ教育システムの構築は，障がいのある子どもたちすべてが，居住する地域の学校に在籍することを意味するものではないことがわかる。必ずしも地域の学校内だけでは子どもの教育的ニーズに応じた教育ができるわけでないことから，さまざまな教育形態を用意して，状況などに応じて選択していくこと，それも一度選択すれば卒業まで固定化されたものではないことを意味している。子ども・保護者・学校・地域のさまざまな状況を応じて常に見直しながら教育を進めていくことになる。事実，特別支援教育開始後も特別支援学校や特別支援学級の在籍児数や通級指導教室での指導対象児は年々増加している。

　特別支援学級：小・中学校に障がいの種別ごとに置かれる少人数の学級（8人を上限）であり，知的障がい，肢体不自由，病弱・身体虚弱，弱視，難聴，言語障がい，自閉症・情緒障がいの学級がある。

　通級指導教室：小・中学校の通常の学級に在籍している，言語障がい，自閉症，情緒障がい，弱視，難聴，限局性学習症（LD），注意欠如・多動症（ADHD）などのある児童生徒を対象として，主として各教科などの指導を通常の学級で行いながら，障がいに基づく学習上または生活上の困難の改善・克服に必要な特別の指導を特別の場で行う教育形態。2018(平成30)年度からは高等学校においても通級による指導が開始された。　　　　　［→資料11・12参照］

▶**考えてみよう**　高等学校での特別支援教育はどうなっているのだろうか？

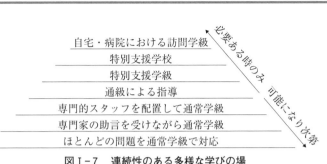

図I-7　連続性のある多様な学びの場

（文部科学省「日本の義務教育段階の多様な学びの場の連続性」http://www.mext.
go.jp/component/b_menu/shingi/toushin/__icsFiles/afieldfile/2012/07/23/1321672_1.
pdf, 参照2017-12-01）

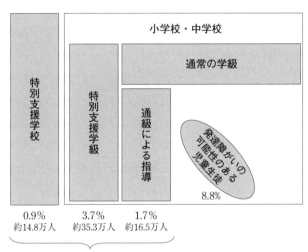

**図I-8　義務教育段階のおける特別支援教育を受けている児童
　　　　生徒の割合**（令和4年度）

（文部科学省「令和4年度　文部科学白書」のデータをもとに筆者が作成。
http://www.mext.go.jp/b_menu/hakusho/html/hpab202001/1420041_
00015.htm, 参照2024-01-03）

Ⅰ-7　特別支援学校教員の免許状

　特別支援学校の教員免許状は，2006（平成18）年の法改正により，それまでの「盲学校教諭免許状」「聾学校教諭免許状」「養護学校教諭免許状」から「特別支援学校教諭免許状」に統一された。障がい種は特別支援学校教諭免許状に領域が付記されるようになった。たとえば，聾学校教諭免許状は「特別支援学校教諭免許状（聴覚障害者に関する教育）」となっている。領域は視覚障害，聴覚障害，知的障害，肢体不自由，病弱の五つである。免許状の種類としては一つになり，知的障害領域の単位の取得を目指して教育実習に行った人が，さらに視覚障害の領域の単位を取得した場合，教育実習に行かなくても視覚障害領域が特別支援学校教諭免許状に付記することが可能となった。以前は養護学校と盲学校の両方に教育実習にいかなければ取得できなかった。その結果，該当する障がい種の免許状を持っている人が，必ずしも該当する障がい種の学校で教育実習を行ったとはいえないのである。このような状況で，免許状を有することがその障がい種について専門的に学んできたといえるのだろうか？

　当分の間は，幼稚園，小学校，中学校または高等学校の教諭の免許状を有する者は，特別支援学校の教員免許状を所有しなくとも，所有免許状の学校種に相当する各部の教員になることができると教育職員免許法附則第16項に記載されている。そのため，2022年度は，特別支援学校に勤める教員で特別支援学校教員免許所を持っていない教員がまだ全体の１割程度いる。文部科学省は特別支援学校教員免許状の取得を促しており，採用試験の受験の際に，特別支援学校の教員の採用枠の場合は特別支援学校の教員免許所を所有（見込みを含む）している人しか受験できない自治体も多い。しかし，障がい種別にみると，たとえば，盲学校に勤める教員で，「視覚障害領域」の特別支援学校教員免許状を持っている人は65.5％で，３割以上の教員が該当する障がい種の免許状を所有していないことがわかる（図Ⅰ-9）。このような状態を解消するために，一定の条件をクリアする特別支援学校の教員に対して，講習会を開催し所定の単位を修得すれば免許状が交付される認定講習を各都道府県教育委員会が開催している。

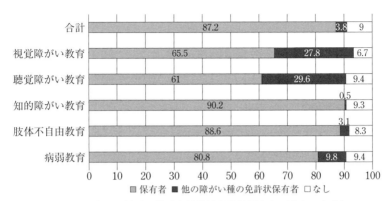

図Ⅰ-9　障がい種別の特別支援学校免許状保有者（令和4年度）

▶「保有者」は，当該障がい種の免許状の保有者（自立教科等の免許状保有者を含む）。「他の障がい種の免許状保有者」は，当該障がい種ではない障がい種の免許状の保有者（自立教科等の免許状保有者を含む）。「なし」は，幼・小・中・高校教諭免許状等のみを所有しているもの。

（文部科学省「令和4年度 特別支援学校教員の特別支援学校等免許状保有状況等調査結果の概要」のデータをもとに筆者が作成。https://www.mext.go.jp/content/20230317-mxt_tokubetu01-000028387_01.pdf，参照2023-12-10）

▶**考えてみよう**　特別支援学級や通級指導教室の教員免許状はあるのだろうか？

Ⅰ-8　8.8%の子どもたち（発達障がい）

　2022（令和4）年12月に文部科学省が公表した「通常の学級に在籍する特別な教育的支援を必要とする児童生徒に関する調査結果」では，知的発達に遅れはないものの学習面または行動面で著しい困難を示すと知れた児童生徒の割合が8.8%だった（図Ⅰ-10）。この調査は2012（平成24）年12月に発表された同様の調査を10年ぶりに実施したものである。2012年の調査では6.5%だったが，今回の調査では，それを大幅に上回る結果となった。通常の学級に在籍する「知的発達に遅れはないものの学習面または行動面で著しい困難を示す児童生徒」が40人学級で換算すると3〜4人在籍していることになる。特別支援学校や特別支援学級，通級指導教室の子どもの数よりはるかに多い人数である（図Ⅰ-8）。学年別の結果も公表され，小学校低学年では10%を超え，10人に1人は「知的発達に遅れはないものの学習面または行動面著しい困難を示す」子どもが教室にいる実態が浮かび上がった。また，高等学校でもはじめて調査が行われ，2.2%という結果だった。

https://www.mext.go.jp/b_menu/houdou/2022/1421569_00005.htm

　2006（平成18）年6月に「学校教育法等の一部を改正する法律」が成立した。第75条には，「小学校，中学校，高等学校，中等教育学校及び幼稚園においては，教育上特別の支援を必要とする児童，生徒及び幼児に対し，障害による学習上又は生活上の困難を克服するための教育を行う」ものとしていることからも，障がいのある子どもたちの教育は特別な教育の場だけで行うものではなく，すべての教育機関で行うべきものであることが明記された（現在は，第81条）。これは非常に重要なことで，学校教員になろうとする者は，教室に中に障がいのある子どもがいることが「当たり前」であるという認識が必要になり，その理解などについてしっかりと学ぶ必要があるということになる。

[→資料10・12参照]

▶**考えてみよう**　「学習面または行動面で著しい困難を示す」とは，具体的にどのようなことが考えられるだろうか？

22

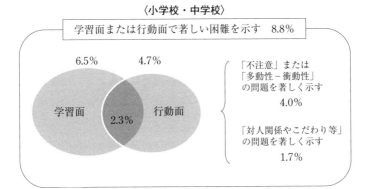

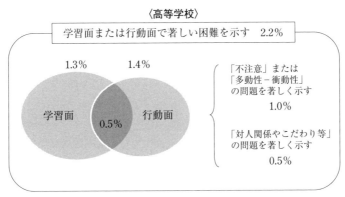

図Ⅰ-10　知的発達に遅れはないものの学習面または行動面で著しい困難を示すとされた児童生徒の割合

（文部科学省「通常の学級に在籍する特別な教育的支援を必要とする児童生徒に関する 調査結果について」（令和4年12月）のデータをもとに筆者が作成。https://www.mext.go.jp/content/20230524-mext-tokubetu01-000026255_01.pdf, 参照2023-12-10）

Ⅰ-9　通常の学級に在籍する「支援が必要な」子どもたち

　現在，日本では「特別の教育的ニーズ」のある子どもたちへの教育のことを「特別支援教育（Special Needs Education）」とよんでいる。視覚障がい・聴覚障がい・知的障がい・肢体不自由・病弱の他，言語障がいや発達障がいなどがある子どもへの教育を指している場合が多い。これらの子どもたちは「特別な教育的ニーズ」としての支援や配慮，指導などが必要とされていることが近年広く知られるようになってきた。

　しかし，通常の学級で学ぶ子どもたちの中には，上記のような「障がいがある子ども」以外にも，支援が必要とされる子どもたちが多数在籍している。たとえば，「不登校」の子どもたち。2021（令和 3 ）年度，「不登校」を理由とする長期欠席者は，小学校81,498人，中学校163,442人で，全生徒数に占める割合は小学校で1.3％，中学校で5.0％となっている（図Ⅰ-11）。40人学級の中学校では 1 クラスに 2 名程度という高い割合になっている。

　また，日本語指導が必要な児童生徒も支援が必要になる。文部科学省の調査によると，外国人児童生徒の他，帰国児童生徒など日本語指導が必要な児童生徒（小中学生）は2021（令和 3 ）年度は58,307人だった。2012（平成24）年度は33,184人だったことから10年間で1.7倍以上増加していることになる。

　さらに，いわゆる「貧困」に関わる課題。2019（令和元 4 ）年度の文部科学省の調査では，要保護及び準要保護児童生徒数は1,344,916人で公立小中学校児童生徒総数に占める割合は14.5％だった。これは 7 人に 1 人の割合で，40人学級で考えると 1 学級内に 5 ～ 6 人程度という高い割合であることがわかる。また，厚生労働省の「令和元年国民生活基礎調査」では，2018（平成30）年の「子どもの貧困率」（17歳以下）は13.5％だった。

　これらの子どもたちは広い意味で「特別な教育的ニーズ」がある子どもたちといえるのではないだろうか。「特別な教育的ニーズのあるこどもたちへの教育」は，必ずしも，障がいのあるこどもたちへの教育だけを指しているわけではないことを知っておきたい。

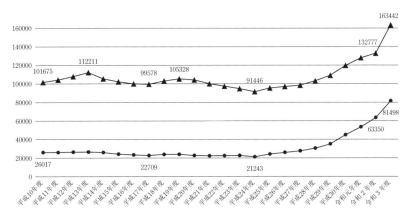

図I−11　全児童生徒数に占める「不登校」を理由とする者の割合の推移

（文部科学省「令和3年度 児童生徒の問題行動・不登校等生徒指導上の諸課題に関する調査結果の概要」のデータをもとに筆者が作成。https://www.mext.go.jp/content/20221021-mxt_jidou02-100002753_1.pdf，参照2023-12-10）

■参考 URL
　◦学校基本調査
　　https://www.mext.go.jp/b_menu/toukei/chousa01/kihon/kekka/1268046.htm
　◦日本語指導の必要な児童生徒の受け入れ状況等に関する調査
　　https://www.e-stat.go.jp/stat-search/files?page=1&toukei=00400305&tstat=000001016761
　◦児童生徒の問題行動・不登校統制と指導上の諸問題に関する調査
　　https://www.mext.go.jp/a_menu/shotou/seitoshidou/1302902.htm
　◦国民生活基礎調査
　　https://www.mhlw.go.jp/toukei/list/20-21kekka.html

▶考えてみよう　「教育的ニーズ」って，どういうことだろうか？

Ⅰ-10　どこからが「障がい者」？

　「障がい者である」と「障がい者でない」の境目は何だろうか。言い換えれば，「何をもって（理由として）○○さんは障がい者である」というのだろうか。わかりやすい「証明書」として，「身体障害者手帳」がある。障がい福祉に関する公的支援サービスを受ける資格を認定するもので，身体障害者福祉法などに基づいている。認定は医療機関などの指定された専門機関で行う必要がある。障がいの程度に合わせて等級が決められていて，たとえば「聴覚障害4級」「視覚障害　6級」などのように表される（表Ⅰ-3）。

　障がい認定に関しては，課題も多いといわれている。障がいの程度があるレベルを超えた場合に障害者手帳が交付され，福祉サービスを受けることができるが，わずかでも超えなかった場合は，全くサービスを受けられない，あるいは一部しか受けられないことになるからである。行政上の都合である線が決められているが，身体障害者手帳の有無で「障がいがある」「障がいがない」と決めることはできないといえる。

　具体的にみてみよう。視覚障がいの例である。右眼の視力が0.02で，左眼の視力が0.6のAさんは6級に認定される。しかし，右眼の視力が0.03で，左眼の視力が0.2のBさんは手帳には該当しない。日常生活での文字の読み書きに限るとAさんはBさんより不都合が小さいかもしれない。行政上の福祉サービスを考えるとき，限られた財源の有効活用の観点から，対象者をある「線」で区切らないといけないということは理解できなくもないが，その線引きの結果で，障がいの有無を決めるというわけにもいかないようである。次にBさんが自転車に乗ることを考えてみる。片眼0.2では，場所によっては自転車の運転は非常に危険を伴う。場面や状況などによって，不便さ・不都合さなどの感じ方はかなり変動する。どのような場面で困難が生じるか，不便と感じるかという視点が必要である。その場合，その人の年齢や経験，あるいはその障がいが発生した時期などにもよってさまざまである。「○○という障がいは……」と知識として理解すること以上に，目の前の△さんがどのような場面で困り感があるかということを理解することが大切である。

表Ⅰ-3　身体障害者手帳　等級表の例

視覚障がい

級	障害の程度
1級	両眼の視力の和が0.01以下のもの
2級	1　両眼の視力の和が0.02以上0.04以下のもの 2　両眼の視野がそれぞれ10度以内でかつ両眼による視野について視能率による損失率が95%以上のもの
3級	1　両眼の視力の和が0.05以上0.08以下のもの 2　両眼の視野がそれぞれ10度以内でかつ両眼による視野について視能率による損失率が90%以上のもの
4級	1　両眼の視力の和が0.09以上0.12以下のもの 2　両眼の視野がそれぞれ10度以内のもの
5級	1　両眼の視力の和が0.13以上0.2以下のもの 2　両眼による視野の2分の1以上が欠けているもの
6級	一眼の視力が0.02以下，他眼の視力が0.6以下のもので，両眼の視力の和が0.2を超えるもの

聴覚障がい

級	障害の程度
1級	なし
2級	両耳の聴力レベルがそれぞれ100dB以上のもの
3級	両耳の聴力レベルがそれぞれ90dB以上のもの
4級	1　両耳の聴力レベルが80dB以上のもの 2　両耳による普通話声の最良の語音明瞭度が50%以下のもの
5級	なし
6級	1　両耳の聴力レベルが70dB以上のもの 2　一側耳の聴力レベルが90dB以上，他側耳の聴力レベルが50dB以上のもの

（「身体障害者福祉法施行規則　別表第五号」より筆者が作成）

▶考えてみよう　身体障害者手帳に該当しないが，学校生活で困ることには何があるだろうか？

Ⅰ-11　きこえているのに，わからない……

　聴覚に障がいがある場合，小さな音がきこえにくかったり，大きすぎる音が
うるさく感じることがある。日常生活では，補聴器や人工内耳をつけているこ
とがあるが，補聴器などをつけていても，雑音の中での会話や離れた人の声，
複数の人との会話，早口の人の話などは相変わらずききとりにくいことが多い
ようである。

　どちらか片耳だけがきこえない人がいる。一側難聴などと言われることがあ
るが，このような人も雑音の中での会話がききとりにくくなる。聴覚に障がい
のない人は，左右両方の耳を使って音の方向を見分け，聞きたい音と聞きたく
ない音を瞬時に区別してききとりをしているが，一側難聴者は非常に苦戦をす
る。

　このほか，聴力検査を受けると「正常」と診断されるにもかかわらず，雑音
の中などでは何を言っているのかわからない人がいることがわかってきた。
「きこえている」のに，「ききとれない」「きき間違いが多い」状態になるとい
う。近年，このような人たちの一部が「ききとり困難症」（Listening
difficulties）と言われるようになってきた（聴覚情報処理障がい（Auditory
Processing Disorder; APD）と言われたり，LiD/APD と表記されることもあ
る）。

　LiD/APD の診断については多くの検査を行い評価していく必要があるが，
LiD/APD と評価されていなくても，教室の中でききとりに苦戦している子ど
もたちへの支援についてはある程度共通して考えることができる。

　小渕（2016）は，その支援として，①環境調整（着席位置の配慮，音声情報
の文字化，話し手側の配慮など），②聴覚を補う手段の活用（話し手の声の拡
大，騒音低減など），③直接的支援（聴覚訓練，代償・保障手段を確立する訓
練など，④心理的支援（症状の説明や受容，周囲の理解促進，専門家への紹介
など）をあげている。

▶考えてみよう　きこえにくさを補うために，周りの人はどんな工夫ができるだろうか？

表Ⅰ-4　「きこえの困難さ検出用チェックリスト」(小川，2015より抜粋)

1	聞き間違いが多い（「知った」を「言った」，「佐藤」を「加藤」など）
2	「え？」「なに？」などと聞き返しが多い
3	なじみのない言葉を聞いたときに，その言葉を正確に聞き直すことが難しい
4	聞いたことがあることが覚えられなかったり，順番に思い出せなかったりする
5	話を聞いているときに，他の刺激があると注意がそれてしまうことが多い
6	注意が途切れたり疲れたりして，注意して聞き続ける（5〜10分ほど）ことが難しい
7	ザワザワしたところや音が響くところでは，話し手に注意を向けることが難しい
8	ザワザワしたところや音が響くところでは，話に注意を向けていても聴き取り理解することが難しい
9	ザワザワしたところや音が響くところでは，話に注意を向けていても聞き間違えたり，聞き返したりすることが多い
10	少し前に聞いたことを思い出すことができないことがある
11	静かなところで，話し手に注意を向けていても聞き間違えたり，聞き返したりすることが多い
12	静かなところで話に注意を向けていても聴き取り理解することが難しい
13	静かなところで，話に注意を向けていても聞き間違えたり，聞き返したりすることが多い
14	話を理解させるために，ゆっくり話したり，短く区切ったりして話す必要がある
15	数字や単語，短文などを聞いてすぐに復唱することが難しい
16	数字や単語，短文などを聞いてすぐに復唱できるが，後に（1時間以上）思い出すことが難しい
17	相手の顔や口元が見えないと，話を聴き取ったり理解することが難しい
18	話し手が早口で話すと聴き取ったり理解することが難しい
19	電話での会話が難しかったり，ラジオなどのスピーカーからの音を聞き取るのが難しい
20	何か音のする方向を見たり，音を手がかりに隠れたものを探すことが難しい

■チェックリストの活用については下記書籍を参考にしてほしい。

『APD の理解と支援』(小渕千絵・原島恒夫編著，学苑社，2016)

I -12　耳をふさぐことと，聴覚に障がいのある人のきこえ方は同じか？

　聴覚障がいの種類（分類）の一つに「伝音難聴」「感音難聴」「混合性難聴」がある。耳介・外耳道から鼓膜にかけては外耳とよばれ，鼓膜の奥の空洞（中耳腔）や耳小骨を中耳，そして聴神経から脳に至る部分は内耳とよばれる。外耳から中耳にかけての「伝音系」に障がいの原因がある場合の難聴を「伝音難聴」，内耳から奥の「感音系」に障がいの部位があれば「感音難聴」とよび，両方に原因がある場合を「混合難聴」とよんでいる。

　外耳道が生まれつきふさがっている子どもや中耳炎になった子どもなどは，伝音難聴となる場合が多い。一般に伝音難聴は60〜70dBHL 未満の聴力になることから，身体障害者手帳が交付されている聴覚障がい者（主に両耳とも70dB 以上）は，感音難聴あるいは混合性難聴がほとんどである。耳をふさぐと，外耳道をふさぐということになり，そのきこえ（難聴）は伝音難聴といえる。つまり，必ずしも聴覚障がい者のきこえ方を完全に模擬しているとはいえないことになる。

　きこえる人が耳を手でふさいでも，自分の声は比較的はっきりときこえる。これは，骨導を経由して自分の声がきこえることによるもので，感音難聴の人はこのようにはきこえていないようである。さらに，聴覚障がい者といっても，高い音が聞こえにくい人，低い音が聞こえにくい人，どの高さの音も聞こえにくい人，などさまざまなきこえ方がある。きこえている人が耳をふさぐことは，「きこえにくくなる」ことを体験することには違いないのである。そのきこえ方が必ずも多くの聴覚障がいの人のきこえ方と同じではないことは十分に理解しておく必要がある。

　これは，目を閉じれば視覚障がい者の見えない・見えにくい世界を体験できるとは必ずしもいえないことと同じといえる。「障がいの疑似体験」は，簡単ではないことを理解しておく必要がある。

▶考えてみよう　感音難聴者のきこえ方を疑似体験するにはどうしたらいいだろうか？

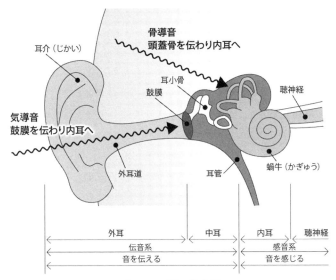

図Ⅰ-12　耳の構造図

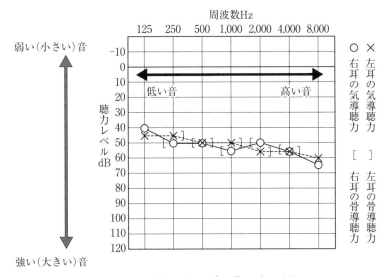

図Ⅰ-13　聴力図（オージオグラム）の例

Ⅰ-13　視覚障がい者は，「見えない人」？

　「視覚障がい者」ときいて，まず思い浮かぶのが「全く見えない人」（全盲の人）のことではないだろうか。また，「とても大きくしないと見えない」という弱視の人のことも思い浮かびやすい。眼鏡をかけていたり，コンタクトレンズをしている人も多く，「見る」という感覚機能（視機能）については，比較的想像しやすいようである。

　しかし，「視覚障がい者」にはこのような「視力」に関わる障がいだけでなく，見える範囲（視野）や見える色（色覚），見える明るさ（光覚）などに関するものまでを含めて考える必要がある。

　学校の教室で，子どもが「先生，見えません！」と言ったきたときの多くは「（字などが小さくて）見えない」，つまり視力に関わる困り感があることを示す場合が多いと思われる。そのため，教師は，見える範囲が狭くて見えにくい，同じような色に見えて見えにくい，明るすぎて見えにくいなどの意味でとらえることはあまりないかもしれない。

　視機能のことについて教員が考えるとき，知っておいたらいいことととして，次のようなことがある。

　①見え方は一人一人異なっているということ

　②子どもの視力，視野，色覚，光覚などの把握をすることが大切ということ

　③子どもの視機能が最大限に発揮させるためには，どのような条件（環境）下がいいのかを把握すること

　④条件（環境）の変化によって，その視機能の低下がどの程度あるのかを把握すること

　⑤その教育活動を行うには，どのような視機能が必要なのか，それが発揮できにくいときには，どのような補助の方法があるのかを知り，そのための活用方法を理解すること，など

▶**考えてみよう**　見え方が一人ひとり異なることを「体験」したり，考えたりするためには，どうすればいいだろうか？

■さまざまな視覚障がい
〈見え方での分類〉
  ○視力に関して(例)
    ・拡大しないと, 見えにくい
    ・全く見えない
  ○視野に関して(例)
    ・視野(目を動かさないで見ることができる範囲)が狭い
  ○光覚に関して(例)
    ・暗くなると見えづらくなる
    ・明るいところで見えづらくなる
  ○色覚に関して(例)
    ・特定の色が別の色に見える

〈見えにくくなった時期による分類〉
  ○先天性
  ○後天性

白杖＝全盲とは限りません

　白い杖(白杖)を持って杖で前方を探りながら歩いている人を見かけることがありますね。目が見えない人が道路を通行するときに白杖を携える(盲導犬を連れている)ことが道路交通法で定められています(第14条)。しかし, 「目が見えない」とは「全く目が見えない(全盲)」状態とは限りません。弱視の人や視野の一部しか見えない人なども道路を歩行するのに危険を感じることがあります。このような人たちも白杖を携えて歩行していることがあることを知っておいてほしいと思います。

Ⅰ-14　きこえない人には「手話」?

　内閣府「平成26年度障害者施策に関する基礎データ集」に掲載されている「聴覚障害者のコミュニケーション手段（複数回答）」には，聴覚障がい児・者で「手話」をコミュニケーション手段としてあげている人は18.9%だった（図Ⅰ-14左上矢印参照）。身体障害者手帳の等級が1,2級である聴力レベルが100dB以上の重度の聴覚障がい者では42.3%が手話と回答していた。補聴器や人工内耳，筆談などのついてもほぼ同数であることから，「聴覚障がい者のコミュニケーション手段＝手話」とは言い切れない実態が浮かびあがる。

　また，手話には，日本語とは異なる言語である「日本手話」や，日本語の語順に手話単語を当てはめるような「日本語対応手話」などがあり，どちらかに二分しにくい手話表現もある。日本手話は日本語とは異なる文法体系を持ち，手の動きや形だけでなく，うなずきや顔の表情などにも文法的な意味を持つものであり，日本語対応手話は語順は基本的に日本語と同じであるといった特徴がある。日本語を身につけた後にきこえなくなった「中途失聴者」などにとっては，日本語対応手話の方が理解しやすいことが多いようであるが，すべての聴覚障がい者にとって理解しやすいとはいえないようである。手話を使用する聴覚障がい者といっても，どのような手話なのかについても知る必要がある。

　教室に聴覚に障がいがある子どもがいた場合，その子どもがどのようなコミュニケーション手段を用いているのかをまず知ることが必要である。特に子どもの場合，自分から表現（発信）する場合に得意とする手段と，相手から言われた（受信する）場合に得意とする手段が多少異なる場合がある。教員としては，音声言語・書記言語・手話言語のいずれを用いても，その子どもの言語の理解力に見合った伝え方をする必要があることも理解しておく必要がある。

▶**考えてみよう**　きこえない・きこえにくい人と会話するためには，手話以外にどんな方法があるだろうか?

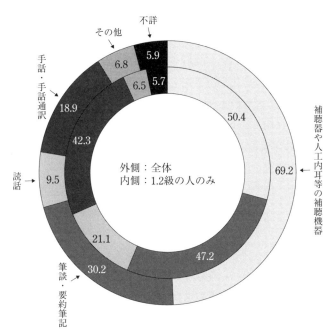

不詳

その他

手話・手話通訳

読話

筆談・要約筆記

補聴器や人工内耳等の補聴機器

5.9
5.7
6.8
6.5
18.9
42.3
50.4
69.2
9.5
21.1
30.2
47.2

外側：全体
内側：1.2級の人のみ

図中の数字は構成比（％）

図Ⅰ-14　聴覚障がい者のコミュニケーション手段（複数回答）

（内閣府「平成26年度障害者施策に関する基礎データ集」より筆者が作成。
http://www8.cao.go.jp/shougai/data/data_h26/zuhyo60.html.　参 照 2017-12-
01.　なお，同データ集の元調査は，厚生労働省「身体障害児・者実態調査」
（平成18年）である）

Ⅰ-15　補聴器をつけていない，きこえにくい子どもたち

　Ⅰ-14「きこえない人には『手話』？」では，必ずしも「きこえない人＝手話を使う」とはいえないという話をした。下の表からは，「きこえない人＝補聴器をつけている」ともいえないことがわかる。このデータは身体障害者手帳が交付される主に両方の耳の聴力が70dB（デシベル）以上の人が対象となっているが，70dB 未満の人はもっと多く，1,000万人以上とも言われている。

　一般に「聴力が軽い」といわれてしまう軽度難聴であるが，生活上の不便さ・不都合さは，必ずしも「軽い」とはいえないようである。学校生活でどのような困難が見られるかを表Ⅰ-5に示している。雑音の中でのききとりに苦労する，きき間違いが増えてしまう，複数での会話の時にうまくききとれない，といったことから，学習上，友人関係上，さまざまな面で困ることが起こる。軽度の難聴はあるが，いろいろな事情で補聴器をつけていない人もいる。また，補聴器をつけても，聴者のようにはききとることは困難である。静かな場所での１対１での会話は比較的ききとれるだけに，騒がしくなってしまう教室ではききとれず，「どうしてわからないの？」と思われることもあり，心理的な負担が相当に大きくなることもある。また，そのように見られることを避けるために，全神経を集中させてきき漏らさないようにすることから，精神的に疲れるということもある。周りの人の理解と配慮が不可欠といえる。

〈聴力レベルによる難聴の分類〉
　　軽度難聴　：25dB 以上40dB 未満
　　中等度難聴：40dB 以上70dB 未満
　　高度難聴　：70dB 以上90dB 未満
　　重度難聴　：90dB 以上
（日本聴覚医学会「難聴対策委員会報告―難聴（聴覚障害）の程度分類について―」2014より）

デシベルと身近な音の大きさの例
120dB　飛行機のエンジンの近く
100dB　電車が通る時のガード下
90dB　叫び声（正面１ｍで）
60dB　普通の声の大きさ（正面１ｍで）
50dB　静かな事務所
30dB　ささやき声（正面１ｍで）

▶**考えてみよう**　補聴器をつけていない難聴者にとって理解しやすいのは，どんな状況や対応なのだろうか？

表I-5　難聴が子どもに及ぼす影響と教育の必要性

難聴の程度（500Hz～4000Hzの平均聴力レベル）	ことばの理解と話し方への聴力障害の影響	聴覚障害の心理的社会的影響	教育の必要性とそのためのプログラム
正常と難聴の境界 16～25dBHL	小声による会話や離れたところの会話を聞き取ることが困難となる。話しことばによる指導が主体の小学校で，教室が騒がしい場合，会話の10%程度を聞き逃してしまうこともある	会話の内容を理解するのに手がかりとなる話しことばがはっきりしないために，速いやりとりが理解できない場合がある。聞き取る努力が必要なので，疲れを感じることがある	再発性中耳炎の既往歴がある場合は，語彙や発音に注意する必要がある。伝音難聴には，適切な医学的管理が必要である
軽度難聴 26～40dBHL	聴力が35～40dBHLになると，学級討論での会話の少なくとも50%を聞き逃すことがある。特に声が小さかったり，話し手が見えない場合に聞き取ることができない。また，高周波数に聴力低下がある場合は，子音を聞き逃してしまう	「自分に都合のよいことしかきこえない」「ぼんやり他のことを考えている」「注意が散漫だ」などととがめられることがある。大事なことを聞き逃さない選択的聴取能力が落ち始め，環境騒音に影響されやすくなり，学習環境がストレスの多いものになる	教室では，補聴器と補聴援助システムの使用が有効。聴覚学習や語彙と言語発達，発音，読話と読解力の指導に注意を払う必要がある。自尊心を培うのに援助が必要な場合もある
中等度難聴 41～55dBHL	補聴器をつけなければ40dBHLの難聴の場合，50～70%，50dBHLの難聴の場合80～100%の割合で会話を聞き逃す可能性がある。構文・語彙などの言語能力の遅れと発音の未熟さや性質の歪みなどが起こりやすい	コミュニケーションに影響を受け，正常な聴力を持つ仲間との交友関係が難しくなる場合がある	言語評価と教育的観察のために，特別支援教育機関に紹介する。難聴学級などの教育が，特に，小学校で必要になる場合がある。読解力，作文力の発達に注意を要する。聴覚学習と発音指導が通常必要となる
準重度 56～70dBHL	補聴器がないと，言葉を理解させるために非常に大声で会話しなければならない。一対一やグループの会話において，音声による意思伝達が必要な学校では，困難さは顕著となる。言語や構文の遅れ，発音の明瞭性の低下などが認められる	自己認識の甘さや社会性の未熟さが指摘されるようになり，周囲からの疎外感が生じることがある。これらの状況に対処するため，特別な教育指導の機会が用意されていることが望ましい	常時補聴器をつけることは不可欠である。言語力の遅れの程度により，通級による指導を受けたり難聴学級に入ったりする必要がある。教科指導，語彙，文法，語用法，読み書き指導などに特別の援助が必要となる

（Karen L.Anderson & Noel D.Matkin（1991），大沼直紀訳（1997），高橋信雄改変（2001）の一部）

Ⅰ-16　見え方をとらえなおす

　視覚障がいとは「視機能の永続的な低下により，学習や生活に困難がある状態」をいう（文部科学省「障害のある子供の教育支援の手引～子供たち一人一人の教育的ニーズを踏まえた学びの充実に向けて～」第3編。https://www.mext.go.jp/a_menu/shotou/tokubetu/material/1340250_00001.htm，参照2023-12-10）。

　「視覚障がい」というと，「全く見えない人」あるいは「とても見えにくい人」を思い浮かべることが多いと思う。全く見えず，視覚で明るさの判別ができない全盲とよばれる人や弱視とよばれる人が該当する。しかし，弱視（ロービジョン）の人の見え方は多様で，このような見え方をしていると決まっているわけではないことから，多くの誤解が生まれることがある。これはきこえ方や感じ方の章で学んだことと似ているが，それぞれの人がどのような場面で困り感が生じるのかを考える必要がある。

　「視覚障がい」にはこのような「視力」に関すること以外にも，「見える範囲（視野）」が制限されている人もいる。このような見える範囲の障がいのことを「視野障がい」という。見える範囲がどの程度，あるいはどのあたりが制限されているいるのかも多岐にわたっている。たとえば，目の中心部は見えるけれども周辺部は見えない人，逆に周辺部は見えるけれど中心部分が見えなかったりする人もいる。また，ある一部の所だけが見えない人もいる。視力は両眼とも1.0だが，視野が狭くなっていて，生活上非常に不便を感じている人もいる。

　さらに，日光が非常にまぶしく感じたり，光の状態によって，見えにくくなったりする人もいる。明るい部屋から暗い部屋に入ると見えにくく感じたことはないだろうか？　しかし，しばらくすると「目が慣れてきて」まわりに見えてくるが，なかなか目が慣れず見えない状態が続いてしまう人もいる。

　教室の子どもの「視力」を正しく把握することは大切だが，視機能については視力以外の面もあるということを覚えておいた方がよさそうである。

▶**考えてみよう**　教室に「見える範囲が狭い」子どもがいたとき，教師はどんなことに注意したらいいだろうか？

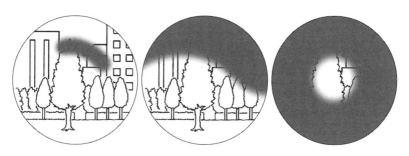

図Ⅰ-15　緑内障の人の見え方のイメージ例

■弱視児の見え方（香川，2016を改変）

① ピントが合わずに，ぼやけて見えるピンボケ状態

② 曇りガラスから見るような混濁状態

③ まぶしくて目が開けられない暗幕不良状態

④ 明かりが足りずよく見えない照明不良状態

⑤ 眼球が揺れててしまって視野が定まらない振とう状態

⑥ 視野を向けたところが見えない中心暗点状態

⑦ 見える範囲が狭い視野狭窄状態

色覚多様性

　日本遺伝学会は2017年９月に遺伝学用語を改訂した用語集を発表しました。その中で「色覚異常（色盲・色覚障害）」を「色覚多様性」と言い換えをしています。「異常」という用語ではなく色の見え方が多様であること，その状態が多様であるということを示す新たな提案となっています（参考URL　日本遺伝学会 http://gsj3.jp/）。

I −17　きこえ方をとらえなおす

　きこえ方について考えてみたいと思う。

　障がいのある子どもたちのことで思い浮かぶのは，補聴器などをつけた「きこえない」子どものこと。つまり，聴覚障がい児や難聴児といわれる子どもたちのことと思う。

　「きこえない子どもたち」のきこえ方は，全くの無音世界，たとえば，テレビの音を消して（消音）したときのような世界と思っている人がいる。しかし，実際には，「全くきこえない無音の世界」ではなく，かなり大きくしないときこえなかったり，そのきこえた音が元の音から歪んできこえたりする「きこえにくい」「ききとりにくい」場合がほとんどである。そのため，聴覚障がい児者や難聴児者は，音の情報だけでなく，視覚（話し手の顔の表情や口の動きなど）や話の前後関係，自らの経験や想像力を駆使して，話を「理解」することをしている。だからこそ，きこえにくい人への支援として，ききとりやすい音環境とともに視覚的な手がかりが多い方がいいと言われる。

　「きこえ方」については，このように聴覚障がいや難聴のことがクローズアップされるが，私たちの周りには，「特定の音が鋭くきこえてしまう」「周りの雑音とききたい音の区別ができなくて，騒がしいところではききとれなくなってしまう」という人がいる。特定の音が鋭くきこえてしまう結果，非常に深いあるいは恐怖を感じたり，パニックになってしまう場合もある。騒がしいところできこえとりにくくなるのは聴覚障がい者にもよくみられることだが，その結果，授業中の先生の話や友だちの発言がききとれず，学習に支障をきたすこともある。

　「きこえ方」は，外見では全くわからないため，本人だけが苦しんでいることが多くある。きこえすぎて心臓の音までがきこえてしまうことが必ずしもよいことではないように，その人のきこえ方の留意してみることで，違った角度からの理解が進むように思える。

図Ⅰ-16　教室は「ききとりにくい」環境ということを知る

■**ききとりにくい場面**
- 周りに雑音や反響があるところ
- 複数での会話
- 相手との距離が離れているとき
- 相手の表情が見えにくいとき

■**きき間違えやすい学校で使うことばの例**
- 校長室　と　放送室　　　　　・広い　と　白い
- 理科室　と　地下室　　　　　・拍手　と　握手
- 1（いち）　と　7（しち）　　・加藤さん　と　佐藤さん

- ことばの子音部は違うが母音部が同じことば
- イ列（イ・キ・シ・チ……）のことば

▶**考えてみよう**　ききとりにくい音声に代わり情報を保障するためには，どのような方法があるだろうか？

I-18　感じ方をとらえなおす

　周りの音や光，味や触覚などに対して，強いストレスを感じてしまう「感覚の過敏」や，それらの刺激に対しての反応が低い「感覚の鈍麻」に苦しんでいる子どもたちがいる。結果として，学校などでの集団生活・集団行動に困難さをもたらしてしまう場合があり，まずは教員の理解が求められている。

　一般的に，脳の働きによって，外界からの刺激をそのまま受けとめるのではなく，必要な情報だけを切り取って受けとることをしているが，このような感覚の受けとめ方が異なっていると言われている。感覚を「フィルターに通す」ことなく，直接受けとめてしまうことでさまざまな困難が生じてしまう。山口（2016）は「自閉症者たちの共通した感覚の特徴は，感覚そのものをフィルターに通すことなく，直接受けとめることにある。彼らの感覚は非常に過敏で，その範囲が狭いという特徴をもつ。」と指摘している。

　もし，目の前に感覚の過敏や鈍麻である子どもがいた場合，どのようなことに留意したらよいだろうか？

　感覚が過敏であっても鈍麻であっても，学校生活上，落ち着きにくいと考えられる。そのような場合，落ち着かなくなったときの対処方法の「約束」をするとよい場合がある。教員に合図を送って，その場を離れクールダウンできる場所に移動できたり，後どれくらいでこの状況が終わるのかを示すものがあったり，と子どもの困り感に応じた「約束」を決めておくことで見通しを得ることができ，安心を与えることができる場合もある。

　自閉スペクトラム症の人の感じ方や感覚などについて，当事者が執筆している書籍が参考になる。

- 『自閉症感覚』（テンプル・グランディン著，中尾ゆかり訳　NHK出版，2010）
- 『自閉症だったわたしへ』（ドナ・ウイリアムズ著，河野万里子訳　新潮社，2000）
- 『自閉症の僕が跳びはねる理由』（東田直樹著　エスコアール，2007）
- 『発達障害当事者研究』（綾屋紗月・熊谷晋一郎著　医学書院，2008）
- 『自閉っ子，こういう風にできてます！』（ニキリンコ・藤家寛子著　花風社，2004）

■感覚が過敏

　音に対して過敏な子どもに，その音に慣れるように強要することは効果がないばかりか，かえって症状を悪化させ，恐怖体験の積み重ねとなることもある。その場を離れたり，強大音から耳を保護するイヤーマフの着用するなど，強大音を避ける・あるいは軽減する方法の検討も必要になる。

■感覚が鈍麻

　感覚が鈍いことから，かえって強い刺激を求める場合がある。強い刺激を求めたけれども，得られない場合は，非常に不安になったり落ち着きがなくなることもある。このような場合，他のもので「代用」できるものはないかを検討することもひとつの方法と思われる。持っていると落ち着くようなおもちゃなどが有効な場合がある。

■感覚別の主な症状の例

　視覚……見えるものの多く情報がどっと目に飛び込んでくる。

　聴覚……音がとても大きく聞こえる。目の前の人の話し声も周りの雑音も同じくらいの大きさにきこえてしまう。結果的に雑音のある中での話し声がききとれないことがある。

　嗅覚……においに過敏になったり，においがわからなくなったりする人がいる。

　味覚……味に対する感覚の偏りのために，偏食が激しくなる場合がある。

　触覚……触る・触られるのを嫌がることがある。逆にけがをしてもその痛みに気づきにくかったり，場合によっては，より強い刺激を求めて自傷行為をしてしまう場合もある。

▶考えてみよう　あなたは不安になったり，落ち着かなくなったり，緊張したときなど，どのように心を落ち着かせていますか？

Ｉ-19　こだわり

　「こだわり」ということばを好意的にとらえる人や場面と，否定的にとらえる人や場面がある。定められたスケジュールどおりに進まないとパニックなってしまったり，何か行動をする際に一定のルール（儀式）を自分で決めてしまい，その通りにしないと気が済まない人がいる。

　自閉スペクトラム症の人は，繰り返されるパターンを見つけて，そのパターンから一定のルールを見つけ出し，そのルールに従うことで安心感や落ち着きを得ているという考え方がある。あることをするときにはいつも決まってこうする，というルールを作り上げ，それを「正しく」遂行することで安心したり，楽しんだりするともいえる。これを「こだわり」という見方をする場合がある。しかし，「こだわり」を考えたとき，その意味する範囲は広いようにも思える。

　もし，あるコーヒーショップのコーヒーがお気に入りの人がいて，街中でコーヒーを飲むときのことを想定してみよう。右ページのケースの中で，あなたの友人が上記の場合，どの程度であれば許容できるだろうか？

　許容の幅は人それぞれだと思うが，許容できる「こだわり」について考えるとき，それはその本人のこだわりの問題だけではなく，周りの人の許容の問題ともいえる。さまざまな原因で「こだわってしまう」人のことを考えると，そのための対処方法を一緒に考えたり，周りの理解によってかなり生きやすくなることが想像できる。どこからが「固執」なのかは一概には決められず，周りとの関係によって強い固執と判断されたり，ちょっとした固執と判断されることを理解してほしい。自閉症の子どもの教育から「こだわり」について考えることも必要だが，「障がい」とは関係なく身近な日常生活から考えてみることも必要ではないだろうか。

　自閉スペクトラム症については綾屋ら（2008）の著作が参考になる。「ある時偶然スムーズに行動ができた際の一連の流れ」を「行動のまとめあげパターン」として細部にわたって規定することで，行動を絞り込み，毎回不安にならなくても澄むようにしている。そして，「毎回そのとおりに忠実に」動こうとし，そのとおりにいかない場合に動揺し混乱するとしている。

■これって，「こだわり」？

1．近くにお気に入りのコーヒーショップがあれば，できればそこで飲みたい。
2．街中でコーヒーを飲みたくなったときに，できればお気に入りのコーヒーショップで飲みたい。
3．上記の時に，お気に入りのコーヒーショップをスマホなどで検索してまで見つけて飲みたい。
4．検索した結果，1km離れていたが，歩いてでも行って飲みたい。
5．検索した結果，5km離れていたが，歩いてでも行って飲みたい。
6．街中を歩いていたら，お気に入りのコーヒーショップをあったので，急にコーヒーが飲みたくなり飲んだ。
7．街中を歩いていたら，お気に入りのコーヒーショップがあった。コーヒーを飲みたいわけではないが，入らないと気が済まないので入って飲んだ。
8．お気に入りのコーヒーショップのコーヒー豆を買い，家でコーヒーを飲むときはいつもその豆で飲む。
9．買い置きしていたコーヒー豆がなくなったら，落ちつかず，わざわざコーヒーショップに買いに行く。
10．買い置きしていたコーヒー豆がなくなったら，家では（たとえ他のコーヒー豆などがあっても）飲まない。

▶**考えてみよう**　あなたの「こだわり」は何ですか？あるいは，これをしないと落ち着かない毎日のルーティーンは何ですか？

Ⅰ-20　保護者理解

　障がい受容の段階的モデルとして「ドローターの図」が参考になる（図Ⅰ-17）。

　障がい告知による精神的なショックと，その後の心理的な変容を時間経過とともに図示したものである。告知（や診断）によるショックの段階，告知（や診断）内容を認めたくない・認めない・認めようしないなどの否認の段階，しかし，現実はその告知（診断）の状態にあることをからの悲しみやどうしてそのようになってしまったのだろうという怒りの段階に揺れ動きながら，次第に障がいがあることを少しずつ受け入れるようになっていく段階へと移行する。そして，悲しんでばかりはいられない，今できることは何だろうかと現在から将来に向けて目を向け始めていく再起の段階に至る過程を表している。

　教室にいる障がいがある子どもの保護者の多くはこのような段階を経ていることをまず理解しておく必要がある。出生後まもなくの時期から障がいの診断がある場合や，４・５歳になってから診断がなされる場合もあり，すべての保護者が同じ段階にいるとは限らない。また，ある時期「適応→再起」という段階に来たと思われた保護者が，「悲しみと怒り」といった前の段階に戻ってしまうこともある。否定的な感情と肯定的な感情が錯綜し，心理的に非常に不安定になる場合もある。

　教師による一方的な子どもの状態の指摘や保護者の関わり方への指摘は，たとえそれが正論であったとしても，保護者の心理状態からは受け入れられるものではないこともある。子どもに寄り添い，保護者に寄り添うことの意味と重要性を考えさせられる大きな課題である。子どもの成長が保護者の気持ちを安定させ，保護者の精神的な安定が家庭での子どもとの関わりによい影響を及ぼす。保護者の心理状態を考慮しながらの子どもへの指導・支援や保護者・家族支援が求められる。

▶**考えてみよう**　ドローターの図の各段階で，保護者の気持ちに「寄り添う」には，どんなことができるだろうか？

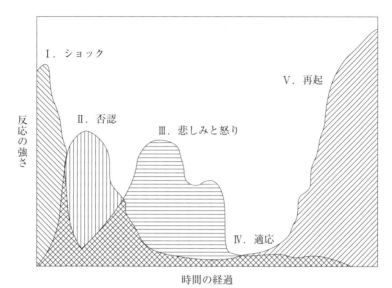

図Ⅰ-17　先天奇形を持つ子どもの誕生に対する正常な親の反応の継起を示す仮
　　　　説的な図（Drotar, et al., 1975）

Ⅱ
教室に特別の教育的ニーズ
のある子どもがいたとき

Ⅱ-1　障がいのある子どもが教室にいたとき

　自分が受け持つ学級（教室）の中に障がいのある子どもが在籍していた場合，担任として以下のことはまず考えておく必要がある。

(1)　障がいの特性の理解

　　○障がいゆえの困難さを知る（何がどの程度困難か）。

　　○障がいゆえの不安さを知る（どんな心理状態になるか）。

(2)　補助機器などの活用の理解

　　○補助機器や代替機器などがあるのかを知る。

　　○補助機器などの効果的な活用法とその限界を知る。

(3)　関係機関との連携

　　○これまで成育の中で，連携してきた機関を知る。

　　（医療・特別支援学校・福祉・保健，その他）

　　○引き続き関わっている機関を知る。

　　（保護者が中心なのか？　学校も関わっていけるのか？）

(4)　障がいの特性に応じて，学級担任として気をつけておくべきことを知る

　　○上記の連携機関（保護者を含む）から学校生活で活用できるものを知る。

　　○たとえば，次のようなことが一例として考えられる。

　　　・注意欠如・多動症（ADHD）：場面や活動などによって子どもの注意の持続がどの程度可能かを把握しておく。ほめること，認めること。望ましい行動を増やすための工夫を考えていくこと。

　　　・限局性学習症（SLD）（学習障がい ;LD）：たくさん・何度も練習することより「できた！」という達成感や満足感を味わう経験や得意とするところから伸ばすことを考えてみる。

　　　・自閉スペクトラム症（ASD）：伝えたいことを視覚的な情報に置き換えて伝えるようにする。伝えたいことを簡潔かつ，わかりやすく伝えるようにする。安心，安全，承認を心がける。

　　○文部科学省「教育支援の手引」には，障がい種別に合理的配慮の観点が記載されている。どのような配慮が考えられるのかを知るのに有効である。

表Ⅱ-1　文部科学省「障害のある子供の教育支援の手引～子供たち一人一人の教育的ニーズを踏まえた学びの充実に向けて～」に記述されている「合理的配慮の観点」の項目

ア　教育内容・方法
　㋐　教育内容
　　a　学習上又は生活上の困難を改善・克服するための配慮
　　b　学習内容の変更・調整
　㋑　教育方法
　　a　情報・コミュニケーション及び教材の配慮
　　b　学習機会や体験の確保
　　c　心理面・健康面の配慮
イ　支援体制
　㋐　専門性のある指導体制の整備
　㋑　子供，教職員，保護者，地域の理解啓発を図るための配慮
　㋒　災害時等の支援体制の整備
ウ　施設・設備
　㋐　校内環境のバリアフリー化
　㋑　発達，障害の状態及び特性等に応じた指導ができる施設・設備の配慮
　㋒　災害時等への対応に必要な施設・設備

（文部科学省「障害のある子供の教育支援の手引～子供たち一人一人の教育的ニーズを踏まえた学びの充実に向けて～」（令和3年6月　文部科学省初等中等教育局特別支援教育課）を参考に筆者が作成。https://www.mext.go.jp/a_menu/shotou/tokubetu/material/1340250_00001.htm，参照2023-12-10）

障がい別の基礎知識

　障がいのある子どもを担当することになったとき，手っ取り早い方法としてインターネットのホームページなどで学ぶことができます。その際に，ぜひとも文部科学省の教育支援の手引を参考にしてください。障がい種別に「子供の教育的ニーズ」「学校や学びの場の提供と提供可能な教育機能」「障害の理解」が記載されています。

（文部科学省「障害のある子供の教育支援の手引～子供たち一人一人の教育的ニーズを踏まえた学びの充実に向けて～」
https://www.mext.go.jp/a_menu/shotou/tokubetu/material/1340250_00001.htm，参照2023-12-10）

▶**考えてみよう**　障がいを1つ挙げて，具体的な支援・配慮を考えてみよう。

Ⅱ-2　「合理的配慮」を知る

　中央教育審議会報告には，「障害のある子供に対する支援については，法令に基づき又は財政措置により，国は全国規模で，都道府県は各都道府県内で，市町村は各市町村内で，教育環境の整備をそれぞれ行う。これらは，『合理的配慮』の基礎となる環境整備であり，それを『基礎的環境整備』と呼ぶこととする。これらの環境整備は，その整備の状況により異なるところではあるが，これらを基に，設置者及び学校が，各学校において，障害のある子供に対し，その状況に応じて，『合理的配慮』を提供する。」と書かれている。つまり，教育環境の整備は国，都道府県，市町村などが行い，設置者や学校が障がいのある子どもの状況に応じた合理的配慮を行うということである。これは，基礎となる環境が整備と個別の子どもへの配慮を分けているともいえる。したがって，図Ⅱ-1のようなイメージになるであろう。

　「合理的配慮」を考える観点を表Ⅱ-1で示したが，その具体例を紹介する。

　肢体不自由の子どもの中で，その障がいのために，字を書くことが困難であったり時間を要する子どもがいる。その場合，パソコンやタブレット，文字盤などを使用することや，書く時間を長く確保するなどの配慮が考えられる。病弱・身体虚弱の子どもの中には，病気のために移動する範囲などが制限されている子どもがいる。その場合，インターネットなどを活用した遠隔学習も想定されるであろう。また欠席がちになりやすい場合，授業場面や内容を録画して提供することも考えられる。

　これらは，合理的配慮の中でも，特に「教育内容や方法」に関連した例である。表Ⅱ-1を見比べながら考えてほしい。「合理的配慮」はあくまで「個別に必要とされる」ものである。同じ学校で，同じ障がい種であるAさんとBさんが全く同じ合理的配慮となることを想定してはおらず，Aさんの合理的配慮とBさんの合理的配慮は異なる場合もあるということである。AさんにはAさんの個別の教育的ニーズがあり，その教育的ニーズに対して個別に配慮を検討するという考え方である。

[→資料3～7参照]

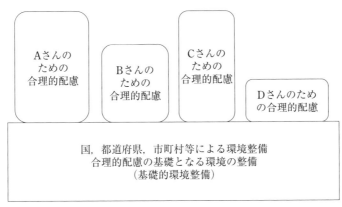

図Ⅱ-1 合理的配慮と基礎環境整備

■**基礎的環境整備**

① ネットワークの形成・連続性のある多様な学びの場の活用

② 専門性のある指導体制の確保

③ 個別の教育支援計画や個別の指導計画の作成等による指導

④ 教材の確保

⑤ 施設・設備の整備

⑥ 専門性のある教員，支援員等の人的配置

⑦ 個に応じた指導や学びの場の設定等による特別な指導

⑧ 交流及び協同学習の推進

（文部科学省「共生社会の形成に向けたインクルーシブ教育システム構築のため特別支援教育の推進（報告）」（平成24年7月23日，中央教育審議会初等中等教育分科会）を参考に筆者が作成。http://www.mext.go.jp/b_menu/shingi/chukyo/chukyo3/044/houkoku/1321667.htm，参照2017-12-01）

▶**考えてみよう** 一般にいう「配慮」と「合理的配慮」は，どう違うのだろうか？

Ⅱ-3　「合理的配慮」の例を知る

　学習障がいの子どもは，表Ⅱ-2のような特徴があるといわれている。読むことに困難を伴う子どもへの合理的配慮の例として考えられることは何だろうか？　苦手なところを「克服」することだけを中心に考えるのではなく，他の方法で補うことはできないだろうかという視点が必要となる。パソコンやタブレットの活用がまず考えられるが，キーボードでの入力だけでなく，音声による入力が最適な子どももいるかもしれない。読みに困難を伴う子どもの場合，何が読みを困難にしているかを把握し，その状態に合わせ，文字を拡大させる場合やパソコンの音声による読み上げソフトを使う方法も考えられる。支援員が机の隣で肉声で読み上げる場合もあるだろう。

　聴覚に障がいのある子どもの場合，聞き取り状況によっては教員がワイヤレスマイクを装着して補聴器等に直接話し声を伝える補聴システムの活用が考えられる。雑音の中では聞き取りがかなり困難になるので，朝礼や式典など大人数に話を聞く場面では，事前に話す内容を文字化し，それを見ながら参加することも考えられる。音声などの聴覚情報を視覚情報に変換するという考え方だ。

　知的障がいの子どもの場合，その子どもの知的発達の状態に応じた学習内容の変更な調整が必要となる。どの内容をどの程度まで学習させるのかをはっきりさせておく必要があり，子どもの状態によっては，音声言語だけでなく，文字カードやイラスト，写真などを合わせて提示した方が理解が促されることもある。一日の流れを見て分かるようにしておくことは，知的障がいの子どもだけでなく，自閉スペクトラム症やADHDの子どもにも有効となることが多い。

　合理的配慮の決定にあたっては，設置者・学校と本人・保護者との可能な限り「合意形成」を図って行うとされている。また，合理的配慮は「学校の設置者及び学校に対して，体制面，財政面において，均衡を失したまたは過度の負担を課さないもの」とされている。合意形成をしっかりとするためには，まずはその子どもの教育的ニーズは何かを把握することから始まる。そして，関係者の建設的な対話が必要であり，そのためにはどのような配慮が考えられるかの情報を入手しておくことが求められる。　　　　　　　　　　［→資料8参照］

表Ⅱ-2 主な発達障がいの定義について

学習障がい

基本的には全般的な知的発達に遅れはないが，聞く，話す，読む，書く，計算する又は推論する能力のうち特定のものの習得と使用に著しい困難を示す様々な状態を指すものである。

学習障害は，その原因として，中枢神経系に何らかの機能障害があると推定されるが，視覚障害，聴覚障害，知的障害，情緒障害などの障害や，環境的な要因が直接の原因となるものではない。

自閉症

自閉症とは，3歳位までに現れ，1他人との社会的関係の形成の困難さ，2言葉の発達の遅れ，3興味や関心が狭く特定のものにこだわることを特徴とする行動の障害であり，中枢神経系に何らかの要因による機能不全があると推定される。

注意欠陥多動性障害（ADHD）

ADHDとは，年齢あるいは発達に不釣り合いな注意力，及び／又は衝動性，多動性を特徴とする行動の障害で，社会的な活動や学業の機能に支障をきたすものである。また，7歳以前に現れ，その状態が継続し，中枢神経系に何らかの要因による機能不全があると推定される。

（文部科学省「主な発達障害の定義について」http://www.mext.go.jp/a_menu/shotou/tokubetu/004/008/001.htm, 参照2017-12-01）

▶**考えてみよう** 「合意形成」するための「建設的な対話」を行うには何が必要だろうか？

Ⅱ-4　「Aか？　Bか？」から「Cという方法もある」を加える

　教室に特別の教育的ニーズのある子どもがいて，他の子どもと「同じような活動」ができない・できにくいと推察される場面に遭遇することがある。そのとき，「A（という方法）ができるか，できないか？」や「するか，しないか？」とオールオアナッシングで考えたり，「A（という方法）をするか？　B（という方法）をするか？」という二者択一で考えることが多い。

　特別の教育的ニーズのある子どもへの支援を千住（2014）は大きく「個人に働きかける方法」と「環境に働きかける方法」の二つに分類している（千住は発達障がいの支援のプロセスとして記載）。「環境に働きかける方法」の視点は教員としてどのようにすれば「他のこどもたちと同じ環境で参加する（学ぶ，生活する）ことができるか」を考えたものである。

　例をあげて考える。聴覚障がいの子どもの中には低い音（低周波数音）がきこえやすく，高い音（高周波数音）がききとりにくい子どもがいる。その情報からは音楽での合奏のとき，高い音を奏でる鈴より低い音を出す太鼓を選択させた方がいいという判断になる場合がある。しかし，本人に尋ねてみと，「いつも太鼓だから今度は鈴をしてみたい」という意欲が見られるとしたら，どのようなことをすれば鈴を担当して皆と合奏ができるだろうかと考えることになる。同じ鈴を合奏する友だちの近くでその動きやタイミングを見てわかるようにしてみるとか，専門機関と相談して低い音を高い音に変換することが可能な補聴器を試してみるなど，新たなアイデアが出てくることも考えられる。

　教室に複数の教員を配置して教育を行うことが望ましいと判断されるケースのとき，教育委員会に教員の加配を求める，教育支援員の配置を求めるなどが考えられる。しかし，年度途中の場合や予算的な都合で双方ともに困難な場合もあるだろう。その場合に「あきらめる」のではなく，たとえば教職を志望する学生ボランティアの配置を検討することが有効な場合も多い。常に多様な選択肢が存在しうることを念頭に，選択肢の数を増やす情報収集が必要となる。

▶**考えてみよう**　障がいを1つ挙げて，図Ⅱ-2に示している4つの例を考えてみよう。

・ハードルを越える

・ハードルの下をくぐる

・ハードルを下げる

・ハードルを横にどける

図Ⅱ-2　特別な教育的ニーズのある子どもへの支援プロセス（千住，2014を参考に作成）

〈個人に働きかける方法〉
　・ハードルを乗り越えるための練習
　・ハードルをよけるための練習
〈環境に働きかける方法〉
　・ハードルを低くする方法
　・ハードルを横にどける方法

Ⅱ-5　バリアフリー・コンフリクト

　「バリアフリー化によって生み出される新たな問題と，その問題をめぐって人々の間に引き起こされる衝突・対立を指し示す」（中邑他，2012）用語として「バリアフリー・コンフリクト」がある。わかりやすく言えば，ある特定の障がいに対してバリアフリーを進めた結果，他の障がいへのバリアを生み出してしまう現象のことである。

　たとえば「点字ブロックと車いす」。視覚障がい者の安全な移動を支援するために必要な点字ブロックだが，「点字ブロックの凹凸によってキャスターの向きが変わるため，進行方向が定まらない」など，車いす使用者にとってはその存在がバリアとなってしまう場合がある（図Ⅱ-3）。

　また，「ハイブリッド車の静音性と視覚障がい者の安全」の関係も該当する。ハイブリッド車や電気自動車等はエンジン音が小さく，自動車の接近に対して気づきにくい，あるいは全く気づかない状況が起こり得ることから，視覚障がい者をはじめとして歩行に際して危険を感じることがある。自動車のエンジン音がうるさいと感じる人にとっては静かな状況を作り出したともいえるが，別の人にとっては大きな障壁を生じさせてしまった例である（国土交通省，2010）。

　「マスクをすることと，読話ができなくなる」。最近はかぜの予防・対策だけでなく花粉対策などにもマスクを使用することが多い。しかし，読話（口の動きや表情などから音声言語を読みとったり推測してコミュニケーションに活用する方法）が中心の聴覚障がいの子どもにとっては，重要な手がかりがなくなってしまうことにもなる（図Ⅱ-4）。

　あるバリアフリーが他の人にとっての新たなバリアになる「恐れ」があることから，そのバリアフリーそのものものを廃止すればよいという安易な考えではなく，生活をする上でバリアと感じることを，どうすれば解消・解決・低減させ，社会に根づかせていくことができるのかといった前向きの話し合いに変えていくことが大切である。

図Ⅱ-3　点字ブロックと車いす

図Ⅱ-4　マスクと読話

▶**考えてみよう**　バリアフリー・コンフリクトの例を考えてみよう。

Ⅱ-6　話す順番を変えるとわかりやすい

> 　2人1組になってください。1人（Aさん）は目を閉じます。もう一人（Bさん）は図Ⅱ-5を見て，ことば（音声言語）だけでAさんに説明してください。説明の後，Aさんは目を開けてその図を書いてみてください。

　Aさんは元の図を再現することができただろうか。

　「2つの円があり，中心で重なっています。一つは『スキル（技能・技術）』で，もう一つは『ナレッジ（知識）』と書かれています。その外側に大きな楕円があり，『教員の専門性』と書かれています。さらにもう一つ，『マインド（心）』と書かれた楕円があって……」という説明になっていないだろうか？

　一つ一つ，細部を説明してしまうのは，「図を見ている」からわかるが，示されたものがイラストなのか写真なのか，グラフなのか図形なのか，全く情報がわからない（理解できない）ような状況では，「細部を積み上げて全体を理解させる」手法より「全体像を掴ませてから細部を理解させる」場合が有効であることが多い。

　教室に特別の教育的ニーズのある子どもがいるような場合，集中できる時間が必ずしも長くはない子どもも多い。短い集中時間の中で，だらだらと細部の話を続けていては，かえって混乱をさせ，集中を途切れさせてしまう要因にもなる。伝え方はシンプルに，そして全体→細部を心がけたい（もちろん，子どもの認知特性によっては必ずしも「全体→細部」ではない場合もある）。

　さて，①と②の文章を読んで，どちらが伝わりやすい表現といえるだろうか。

> ①学校の校庭には，学校の校章にもなっている大きくてものすごく枝が広がったたくさんの葉をつけているすずかけの木があります。
> ②学校の校庭にはすずかけの木があります。学校の校章にもなっています。大きな木です。すごく枝が広がり，たくさんの葉をつけています（図Ⅱ-6）。

▶考えてみよう　相手に伝わりやすい話し方には，他に何があるか考えてみよう。

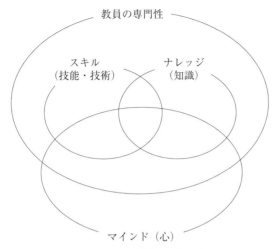

図Ⅱ-5　この図を説明できますか？

図Ⅱ-6　このイラストを説明できますか？

Ⅱ-7　見せる順番を変えるとわかりやすい

　授業で配布するプリントについて考えてみたい。

　。授業ノートがわりのプリントは，字ばかりが並んでいないか？　書き込み
　　用のアンダーラインばかりが並んでいないか？

　プリントが細かすぎてどこを見たらいいかわかりにくい場合がある。プリン
ト内に番号が記してあり，「①についての説明……」と話すとわかりやすい。
どこを見せたいのか（どこに注目させたいのか）をはっきりをすることが必要
である。

　。プリントを配布して「すぐに」話していないか？

　プリントに書かれた「新情報」に目がいき，教員の話を聞いていない（聞け
ない）状態になる。聴覚に障がいのある子どもの場合，「聞きながら見る」こ
とが難しい場合が多い。雑音のあるところでは聞き取りに困難が生じる APD
（Ⅰ-11参照）や発達障がいの一部の子どもも同様のことがいえる。このような
子どもの場合，プリントを見ていると教師の話を「聞いていない（聞けていな
い）」ことも生じる可能性がある。プリントを配ったら「プリントに集中して
しまうのは当たり前」という感覚が必要だ。その上で，プリントを見ている
「目」をいかにして教員に向けさせるかを考える必要がある。子どもは手もと
にある「目新しいもの」に注目してしてしまう，配られたものは「全部見てし
まう」というのは当たり前なのである。そのためには，まず拡大コピーやパ
ワーポイントなどでその内容の簡単な説明をしてから配布することや，注目す
る箇所をあらかじめ図示しておくことや，今どこを見るのかを明確にするなど
の工夫もいいだろう。特にいけないのが，プリントから子どもの視線を教師に
戻したのに，「ここに書いてあるように……」とすぐにプリントに目を落とす
ような話をしてしまうことだ。黒板（教師，テレビモニターなど）を見る時間
と，手もとのプリントを見る時間をはっきりと区別させることも必要である。

　「見せる順番」を考えることは，教師が「どこを見せたいのか」を意識する
こととともに，子どもが「どこを見てしまうのか」を考えることといえる。

〈遠足当日の注意事項〉

① 早めに起き，朝ごはんを食べてくる

② 排便をすませておく

③ 顔を洗い，歯を磨く

④ 活動中に体調が悪くなったら先生に伝える

図Ⅱ-7　知的障がい特別支援学校（小学部）の「遠足」のプリントの一部
▶プリントは何のために準備したのかが教師は整理している必要がある。教室の説明を後で見返すことができるように記録したものなのか，プリントに書き込みをしながら説明を聞くというノートの役目を果たすためのものか，イラストや表・図などを掲載して教師の説明をより理解しやすくするためのものなのか，など，その目的をつかんでおく必要がある。目的によって，プリントを活用する際の教員の話し方やプリントの作成方法に工夫が必要である。

▶**考えてみよう**　スライドを作成するとき，見る人がわかりやすい方法には何があるだろうか？

Ⅱ-8　「みんないっしょ」「みんなおなじ」！?

　「みんな一緒」「みんな同じ」「みんなと同じがいい!」「特別扱いはイヤだ」といったことばを聞くことがある。教師として考えた場合，これらのことばの「意味」を十分に吟味する必要がある。障がいがある子どもたちも，障がいのない子どもたちも「人間としての価値は等しい」という意味での「同じ」は理解できるが，障がいのある子どもたちが通常の学級で授業を受けるときに，障がいのないこどもたちと「同じような教育方法」では，障がいのある子どもたちにとっては不利な教育条件となってしまう。子どもの障がいの状態や特性，心理状態などに適した支援や配慮が必要になってくるからである。

　これは，障がいのある子どもたちに限らない。たとえば，「日本語指導が必要な児童生徒」。2021年度には公立学校に在籍する日本語指導が必要な外国籍児童生徒は47,627人で，10年前に比べ1.9万人程度増加している（図Ⅱ-8）。また，「要保護及び準要保護児童生徒」とよばれる子どもたちも何らかの配慮が必要になるだろう。2019（令和元）年度には要保護児童生徒が約10万人，準要保護児童生徒が約124万人，合計約134万人いるといわれ，全児童生徒数に占める就学援助率は14.5％でおよそ7人に1人が該当することになる。

　教室の子どもたちそれぞれがさまざまな課題を抱えていることがうかがえる。教員がそれぞれの子どもに個別の配慮・支援を行うことができれば，表面上「特別な扱い」をしているように見える障がいがある子どもへの配慮や支援は，特別扱いとして認識されなくなるのではないだろうか。その子どもに合った配慮がどの子どもにも行われている環境こそ，目指すべき教室ではないかと思う。最近話題になる国際理解や異文化理解教育，多様性の尊重にもつながる。実はすでに学校の教室は，「学び方が異なる子どもたち」が混在しているのではないだろうか。「『同じでもなく違うでもない』という相互理解」（綾屋ら，2008）は「同じであることを強要するでもなく，差異をことさらあげつらうでもない，多様な人々が多様なままつながりあえる」ことが求められている。

▶考えてみよう　あなたの出身学校には「多様性」といえるものはありましたか?

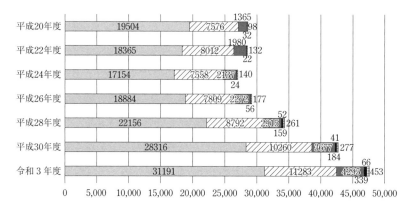

図Ⅱ-8 日本語指導が必要な外国人児童生徒数

（文部科学省「日本語指導が必要な児童生徒の受入状況等に関する調査（令和3年度）の結果の概要」のデータをもとに筆者が作成。https://www.mext.go.jp/content/20220324-mxt_kyoko ku-000021406_02.pdf，参照2023-12-10）

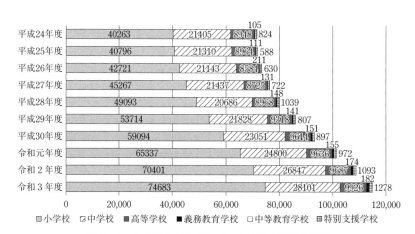

図Ⅱ-9 公立学校に在籍している外国人児童生徒数

（文部科学省「日本語指導が必要な児童生徒の受入状況等に関する調査（令和3年度）の結果の概要」のデータをもとに筆者が作成。https://www.mext.go.jp/content/20220324-mxt_kyoko ku-000021406_02.pdf，参照2023-12-10）

Ⅱ-9　障がい理解授業

　幼稚園・小学校・中学校・高等学校において，いわゆる「障がい理解授業（教育・学習）」が多く行われている。読み物教材やビデオなどの映像資料を活用した内容だけでなく，特別支援学校の児童や生徒との交流や，地域の成人の障がい者を招いての講演，さらには「障がいを体験」するものなど，多岐にわたっている。インクルーシブ教育システムが構築されつつあるといっても，必ずしも，さまざまな障がい者が子どもたちの身近にいるとは限らないことから，「障がい理解授業」の果たす役割は非常大きく，また学校・学級内に障がいのある子どもが在籍していれば，なおさらその理解の促進に貢献する。

　しかし，実施する教員の「思い」だけではその授業がうまく成立しないのも事実である。子どもの年齢や環境などを含めた発達段階を考慮した授業プログラムが必要になる。さらに，実施する教員自身の障がい理解の程度が大きく問われてくるし，障がい者や障がい者と共に生活する社会に対しての考え方が大きく反映されてくる。また，表面的な理解によって「かえって誤解を与えてしまう」ことにもつながりかねない危険性があることも承知しておくことが必要である。

　一部の「障がい理解授業」の中には，障がい者が「どれほど日常生活で苦労しているか」を強調しすぎて，「かわいそう」とか「今度，障がい者に会ったら，助けてあげる」という見方だけが強められてしまうことがある。また，障がい者がスポーツや芸術で素晴らしい結果を出していることを示し，「体が不自由なのに，すごい，えらい」という感情を強調しすぎてしまう場合もある。ともに避けては通れない感情とは思うが，この感情の強調だけで終わってしまうことは，共生社会を目指す社会作りを担う子どもたちには，必ずもふさわしいとはいえない。表Ⅱ-3は，徳田ら（2005）が提案した「障がい理解の発達段階」である。子どもたちの理解段階を十分に把握して上で，何を目的に，どのような効果を売るためにその授業を行うのか，さらに，今後はどのような継続性をもって進めていくのかを考えていく必要があるといえる。

表Ⅱ-3　障がい理解の発達段階（徳田・水野，2005）

第一段階： 気づきの段階	子どもは差異に気づき，それに対して興味を持つが，そこにマイナスのイメージを持たせたり，親など周囲の大人が子どもの気づきを無視したりしないなどの配慮が必要である
第二段階： 知識化の段階	差異を持つ意味を知り，障害の原因，症状，障害者の生活，障害者への接し方，エチケットなどの広範囲の知識を得なくてはならない
第三段階： 情緒的理解の段階	第二段階の知識化の段階と並列され，障害児・者との直接的あるいは間接的な接触を通して障害者の機能面での障害や社会的な痛みを心で感じる段階。ここではネガティブな感情も含まれるが，特に問題にしない。さらに色々な体験を通して障害児・者をより身近に，受け入れられるように促して教育していく
第四段階： 態度形成の段階	第二，第三段階を経て，適切な認識（体験的裏づけをもった知識，障害観）が形成され障害者に対する適正な態度ができる段階
第五段階： 受容的行動の段階	生活場面での受容，援助行動の発現の段階にあたる。すなわち自分達の生活する社会的集団に障害者が参加することを当然のように受け入れ，また障害者に対する援助行動が自発的に現れる段階である

▶**考えてみよう**　あなたが受けてきた「障がい理解授業」を思い出してみてください（学年？　内容？　その時の感情？）。

Ⅱ-10　障がい理解授業では「陥りやすい誤り」に気づく

　障がいのことを知る・考える・体験するといった「障がい理解授業」が盛ん
に行われている。授業を計画する教員は事前にさまざまな「条件」の中から対
象とする授業の指導計画を立てる（図Ⅱ-10）。

　しかし，教員の「思い」と子どもの「反応」が異なることも少なくない。そ
の原因の一つに，教員が「障がい理解授業で陥りやすい誤り」に気づいていて
いないことがある。

　表Ⅱ-4は水野ら（2016）が紹介している障がい理解に関する指導の中で
「陥りやすい誤り」の例である。子どもの年齢にもよるが，小学校低学年の児
童であれば，車いすそのものへの親近感を感じさせたいとして授業を計画した
のに，車いす使用者が街中でどれほど不自由な状態にいるのかを強調してしま
う展開となり，結果的に「たいへんだ」「だけどかんばっている」「だから街で
会ったら優しくしたい」というような気持ちにさせてしまうことは，本当に障
がい理解といえるのかいう提起でもある。不便さやしんどさを強調することが
授業の目的ではないだろう。また，障がい者に会った場合は「こうすべき」と
いう規範の強調や，子どもが感じたネガティブな気持ちを封じ込めて，「近寄
らない」関わり方を身につけさせてしまうことが授業の目的でもないだろう。
授業の目的（目標）に合った指導内容を考えるのは通常の授業では教師は当た
り前にしていることである。

　障がいのある人に対して自分とは違う存在として子どもが考えてしまうの
は，ある意味当然のことである。「違う」ことがよくないことではないという
とらえ方をどのようにして育むのかが問われている。教員としては，障がい理
解授業を行う時，自分の授業展開は子どもはどのようにとらえる可能性がある
のかを，障がい種ごとに考える必要がある。もちろん，その授業計画は単発の
ものではなく，子どもの発達段階に合わせて系統的に組まれていくべきもので
あることは当然である。

▶**考えてみよう**　表Ⅱ-4以外に，「陥りやすい誤り」はないだろうか？

```
〈障がい種〉        〈対象者の年齢〉       〈子どもの状況〉
視覚障がい         幼稚園・保育園       教室内に「当該障がい」の
聴覚障がい         小学校           子どもが
肢体不自由         中学校           ・いる
知的障がい         高等学校          ・いない
病弱            大学             ・学年にいる
発達障がい         教員             ・学校内にいる
その他                           ・全くいない

〈授業形態〉        〈教材〉          〈指導者〉
一斉授業          読み物教材         学級担任による
一斉講話           ・既成          学年集団による
クラス授業          ・自作          複数の教員による
学校外での授業       講話型           学校外の人に依頼
              体験型           学校外の人と共に
              映像資料型
```

図Ⅱ-10　障がい理解授業を計画する時の考えるべきこと

表Ⅱ-4　「陥りやすい誤り」の例（水野他，2016を改変）

障がい種	陥りやすい誤り（抜粋）
肢体不自由	・車いすを使用する子どもは「かわいそう」「がんばっている」と伝える ・障がい物や段差の発見で終わる ・障がいの大変さばかりを強調する
視覚障がい	・点字が読めることを過大評価する ・支援の必要性を強調する
聴覚障がい	・手話の単語を覚えることが目的となる ・手話を歌の振り付けとして覚える ・コミュニケーションの手段として手話だけを扱う
知的障がい	・苦手なことやできないことを強調する ・ネガティブな発言を否定する
発達障がい	・本人の性格やしつけの問題にする ・苦手の克服をテーマにする ・一方的な配慮を求める

Ⅱ-11　「障がい認識」という視点

　障がいのある人のことを理解しよう，理解を促そうという取り組みの一つとして「障がい理解授業」がある。これは「障がいのない（いわゆる定型発達）の子ども」を対象としている。他方，障がいのある子ども自身へのアプローチとして「障がい認識」の重要性が指摘されている。聴覚障がい教育においてはすでに定着している用語である。「『積極的社会参加と自己像の確立に向けての認識』を育てることを意図した用語」（小田，2004）や「きこえないという特徴を持った自己への肯定的認識と，聞こえる周囲に対する認識（濱田，2005）」などと定義されている。ともに，「自己理解（自己認識）」とも言える。

　障がいのある子どもが，自らの障がいをどのようにとらえ考えるかは，周囲との関わりの中で，自らの行動や特性やどのように説明したり，調整したりするかにつながる重要な課題である。特に年齢が上がるにしたがい，社会との関わりを考えていく中で，避けては通れないテーマとなる。

- ・自分の障がいに気づいているか，また障がいをどのように感じているか？
- ・自分のできにくいこと，苦手をすることについての認識を持っているか？
- ・自分ができにくいことに対して，他者に理解を援助を求めることができるか？　またその方法を考えられるか？

　障がい理解の授業を計画的に進めていくことと同程度に障がいの認識をどのように進めていくのかを考えていく必要がある。その際に重要になってくるのが「同じ障がいを持つ仲間」の存在である。身近に同じ障がいがある人がいない場合がある。自分より年長の同じ障がいがある仲間は，一つのモデルとしてみることもできるし，相談相手にもなり得る。同年齢・異年齢の同じ障がいの仲間がいることで，自分とは違う生き方・考え方・対応の仕方を学ぶ機会にもなる。

　最近は，発達障がい当事者による障がいの特性や生き方についての書籍も出版されるようになり，これらも障がい認識を考えていくうえで参考になる。

▶**考えてみよう**　「障がい認識」と「障がい受容」は同じなのだろうか？

〈学校・就労で〉
◦ 人に助けてもらいたいことを書きだす
◦ 興味がわかないものでも，集中できる活動を増やす
◦ 指さし確認や声に出して確認してミスを防ぐ
◦ どこに置いたか分からなくならないように置く場所を決める
◦ 事実と自分の考えを分ける

〈パニックの対処法〉
◦ パニックになったらクールダウンする
◦ 不安と向き合うのではなく，身体を動かしたりしてみる
◦ 簡単にできるリラックス法を知る

〈感覚過敏について〉
◦ 何が嫌いなのかをまわりの人に伝える
◦ 嫌で不快な感覚に触れたときはクールダウンする
◦ 回避できることは回避する

〈障がい理解・受容について〉
◦ 得意・不得意を知る
◦ なまけと思わない
◦ できることとできないことのリストを作る
◦ 支援を求める
◦ 自分の世界と一般の人の世界のちがいを知るう
◦ よいところを評価してもらう
◦ ありのままに見つめ，肯定的にとらえる

図Ⅱ-11 障がい認識に関わる項目の例（発達障がい）（難波，2016を改変）

Ⅱ-12　まずできるところから

　教室の中にいる特別の教育的ニーズのある子どもは「気がかりな子ども」でもある。医学的に診断される場合もあれば，診断できない（あるいはしない）場合もある。診断の有無にかかわらず，その子どもが他の多くのこどもたちとの違いによって学習や生活に何らかの「制限」が出てきてしまう状態（それが「障がい」といえるかもしれない）があったり，将来そのような状態になると推測される時，何らかの配慮や支援を考えていく必要がある。しかし，その障がいは絶対的なものではなく周りとの関係によって大きくも小さくもなる。つまり，障がいは，その子どもが有する特性や個性と，社会との関係によって「重度」にも「軽度」にもなり得る。

　さまざまな障がい種ごとの配慮や支援はあるものの，教師として「まずできるところは？」と考えた時，以下のようなことがある。

- その子どもの特性や個性を教師は把握しているか考えてみる
- その子どもにとっての「安心，安全」とは，何か？　を考える
- その子どもの得意とするところから伸ばすことを考えてみる
- 「ほめること，認めること」を基本にする
  - 望ましい行動を増やすための工夫を考えてみる
- 教師の話し方について点検する
  - 伝えたいことを視覚的な情報に置き換えて伝えることができているか？
  - 伝えたいことを簡潔かつ，わかりやすく伝えることができているか
  - 視覚障がいの子どもへは「視覚的情報→言語化してみる」
- 補助機器などの活用について把握しているか？
- 相談できるところはあるか？

▶**考えてみよう**　教師をめざすあなたが今「できること」には何があるだろうか？

表Ⅱ-5　**障がい種ごとの主な特性**（香川，2016を改変）

障がい名	主な特性
視覚障がい	・見えない，見えにくい ・ピントが合わずに，ぼやけて見える ・曇りガラスを通して見ているような状態 ・まぶしくて目が開けられないような状態 ・明かりが足りずよく見えない状態 ・眼球が揺れてしまって視野が定まらない振とう状態 ・視野を向けたところが見えない状態 ・見える範囲が狭い状態　等
聴覚障がい	・聞こえない，聞こえにくい，聞き取りにくい ・高い音が聞こえにくい（聞こえない） ・低い音が聞こえにくい（聞こえない） ・雑音があるところだと聞こえにくくなる ・音は聞こえるが何を言っているかがわかりにくい　等
知的障がい	・認知や言語などに関わる知的な発達の困難さ ・日常生活や社会生活などへの適応への困難さ
肢体不自由	・上肢，下肢や体幹の運動や動作に障がいがある ・中枢神経系や筋肉の機能に障がいがある
病弱・身体虚弱	・病気のため体力が弱くなっていて，疾病が長期にわたっているまたはその見込みがある ・長期にわたって健康なものと同じ教育では健康を損なう恐れがある　等
自閉スペクトラム症（ASD）	・他者との関わりやコミュニケーションの困難さ ・常同行動，こだわり　等
注意欠如・多動症（ADHD）	・注意を持続することの困難さ ・多動性 ・衝動性　等
限局性学習症（LD）	・読むことに困難さがある ・書くことに困難さがある ・計算することに困難さがある　等

Ⅱ-13　授業のユニバーサルデザイン

　「バリアフリー」と「ユニバーサルデザイン」の用語の違いはご存じだろうか？　一般に，「バリアフリー」は，お年寄りや障がい者など，特定の人を対象として，その人たちが快適に生活できるように，「後から」バリア（障壁）をなくすことをいう。一方，「ユニバーサルデザイン」は，国籍や性別，年齢や障がいの有無などに関係なく，「はじめから」全ての人ができるだけ使用しやすいようにすることをいう。

　近年，授業のユニバーサルデザインが話題になっている。「授業のユニバーサルデザイン化」「学びのユニバーサルデザイン」などとよばれている。基本的な考え方は，施設設備などのユニバーサルデザインと同様で，「はじめから，誰にとってもわかりやすい・利用しやすい」授業ということである。授業のユニバーサルデザインは，何らかの「学びにくさ」がある子どもにとっては「ないと不便」なものであり，障がいのない子どもにとっては「あると便利」な配慮や支援をはじめから準備しておくと言い換えることができる。

　授業のユニバーサルデザインを考えたとき，どのような子どもたちがいる学級を想像するだろうか？　見えにくい子どもがいる，きこえにくい子どもがいる，集中するのがちょっとむずかしい子どもがいる，理解に支援が必要な子どもがいるといった障がいがある子どものほかにも，発展的な学習ができる子どもがいる，といった場合も何らかの支援や配慮が必要になってくる。教室の環境の工夫をしたり，教材教具の工夫，授業でどのように伝えるか（話すか，示すかなど）の工夫，さらには授業中の活動をどうするかといった工夫が必要になる。その子どもを評価する場合にも何らかの工夫が求められるであろう。

　これらの工夫，支援，配慮は障がいのある子どもがいない教室でも必要不可欠なことである。どの子どもにとっても，楽しい！　わかる！　できる！　ことにつながるための考え方が授業のユニバーサルデザインといえそうである。

▶**考えてみよう**　学びのユニバーサルデザインの例を挙げてみよう。

■小中高等学校の授業をユニバーサルデザインするためのヒントがいろいろ提案されている。たとえば，下記は小学校と中学校を例にしたものである。

〈小学校の場合〉
◦授業の見通しの工夫
◦授業時間をユニットに分けてパターン化する
◦視覚的な提示によるわかりやすさを工夫する
◦授業に動きを取り入れる工夫をする
◦安心感，達成感が得られる工夫をする
◦学校全体で共有化する

〈中学校の場合〉
◦授業の流れにパターンをつくる
◦興味をもたせ，記憶に長くとどめるために視覚化教材を活用する
◦聞く姿勢や発表時のルールを決める
◦個別学習とグループ学習を併用し，活動につながりをもたせる
◦グループ学習において「学び合い」を大切にする
◦生徒の意見発表の良い点を見つけ，クラスの中で肯定的な承認をする
◦ルールや視覚化の工夫などについては，学年全体で共有し，生徒への説明，提示等の開始時期を同じにする
◦フォーマルな場である授業における言葉づかいを丁寧にする

（「学習におけるユニバーサルデザインに関する研究─事例を中心に─」（平成24年3月，大阪府教育センター）より抜粋）

Ⅱ-14　メディア・ユニバーサルデザイン

　色の感じ方（見え方）は，人によって異なると言われている。スライドを作成したとき，作成した人にとっては「見やすい・見分けやすい」色の使い方が，人によっては「見えにくい」色使いになることがある。色分けをすることによって伝えたいメッセージの強弱をするはずだったのに，そのねらいが伝わりにくくなってしまう恐れもある。ユニバーサルデザインの観点で言えば，はじめから全ての人に伝わる色使いが大切で，これは「カラーユニバーサルデザイン」といわれる。

　学校の授業で，色使いに関して意識するとすれば，次のようなことがある。

・色の区別がつきやすい白色や黄色のチョークを使用

・色の区別がつきにくい赤や緑，青などのチョークを使用する場合には，アンダーラインや囲みをつける

　近年は，色だけでなく，文字の大きさや形，レイアウトなどに配慮して見やすいデザインを行う「メディア・ユニバーサルデザイン」（視覚情報のユニバーサルデザイン）という考え方も広まってきた。「読みやすい・見やすい・使いやすい」ことを目的としたデザインとも言われている。色に関する配慮（色・濃淡・明暗など），文字に関する配慮（大きさ・フォントなど），構成に関する配慮（レイアウト・表現など），絵や写真によるわかりやすさ（内容がイメージしやすい絵や写真・ピクトグラムなど）に留意することが大切である。

　インターネット上には様々な事例やガイドブックなどが紹介されている。伝える側として伝えるための「土台」にもなるので，しっかり理解しておくことが必要だ。

▶**考えてみよう**　メディア・ユニバーサルデザインに関するサイトを検索し，具体的な対応を考えてみよう。

表Ⅱ-6　メディア・ユニバーサルデザインの例

フォント（書体）	特別支援教育　➡　特別支援教育	UDフォントの使用
デザイン	売上高（円グラフ）■第1四半期　■第2四半期　■第3四半期　■第4四半期　／　売上高（円グラフ）第4四半期　第3四半期　第1四半期　第2四半期	色別ではなく模様，凡例ではなくグラフに書き入れる
レイアウト	近年は，色だけでなく，文字の大きさや形，レイアウトなどに配慮して見やすいデザインを行う「メディア・ユニバーサルデザイン」（視覚情報のユニバーサルデザイン）という考え方も広まってきた。　／　近年は，色だけでなく，文字の大きさや形，レイアウトなどに配慮して見やすいデザインを行う「メディア・ユニバーサルデザイン」（視覚情報のユニバーサルデザイン）という考え方も広まってきた。	文字・行間隔を広く

Ⅲ
教室に日本語使用の
難しい子どもがいたとき

Ⅲ-1　教育におけるグローバル化

　インターネットの普及や航空機輸送の一般化，さまざまな領域での国際交流の増大により，モノや情報だけでなく，人の行き来も，これまでと比べ物にならないくらい，その数は増え続けている。グローバル化に対応できるような外国語活動や異文化理解に関する学校現場における教育改革が進められている一方で，外国人の受け入れやその家族，とりわけ，本人の意思で来るのではない子どもの来日後の教育問題は，重要であると考えられる。

　日本では，日本人の子どもだけを日本の特殊性に合わせて教育をしていたら良い時代は過ぎ，日本で学ぶすべての子どもたちの教育を視野に入れていくとともに，海外で世界のために活躍できる人材育成が望まれる。そして，その目指すべきところは，すでに国際連合などの国際会議で一定の合意がなされている。2015年9月には，ニューヨークで開催された国連サミットにおいて，「持続可能な開発目標」を中核とする「持続可能な開発のための2030アジェンダ」が採択されている。日本にいる子どもたちは，たとえ日本人かどうかということとかかわりなく，普遍的な共通の理念でもって教育をしていくべきだという考え方に，日本も賛同していると考えてよい。

　もちろん，日本の学校では，その教授言語は日本語であることが多いので，基本的な日本語の習得は不可欠である。そして，国際語として活用価値の高い外国語の活動や，その言語教育の重要性も否定できない。しかし，大切なことは，教育を受ける子どもたちの言語能力が，学年相応に発達していない可能性が多くみられる事実である。これまでのように，学年進行の単一の標準的なカリキュラムを作成するのではなく，学習者の一人一人の能力や個性に合わせた学校での指導と支援が要請されている。とりわけ，海外から来た子どもたちの第一言語を大切にしたような考え方，指導方法にと特別な注意と関心が向けられないといけない。

　本書のタイトルは『特別の教育的ニーズがある子どもの理解』であるが，まさに，グローバル化時代の教育こそ，そのような視点が，ますます必要になってきているといってよい。

表Ⅲ-1　ユネスコの「持続可能な開発のための教育（Education for Sustainable Development：ESD）」**で目指すべき内容とされるもの**

① ESD の目標：全ての人が質の高い教育の恩恵を享受すること／持続可能な開発のために求められる原則，価値観及び行動が，あらゆる教育や学びの場に取り込まれること／環境，経済，社会の面において持続可能な将来が実現できるような価値観と行動の変革をもたらすこと

② 育みたい力：持続可能な開発に関する価値観／体系的な思考力／代替案の思考力／データや情報の分析能力／コミュニケーション能力／リーダーシップの向上

③ 学び方・教え方：関心の喚起 → 理解の深化 → 参加する態度や問題解決能力の育成」を通じて「具体的な行動」を促すという一連の流れの中に位置付けること／単に知識の伝達にとどまらず，体験，体感を重視して，探求や実践を重視する参加型アプローチをとること／活動の場で学習者の自発的な行動を上手に引き出すこと

④ 我が国が優先的に取り組むべき課題：先進国が取り組むべき環境保全を中心とした課題を入り口として，環境，経済，社会の統合的な発展について取り組みつつ，開発途上国を含む世界規模の持続可能な開発につながる諸課題を視野に入れた取組を進めていく。

（文部科学省「日本ユネスコ国内委員会」http://www.mext.go.jp/unesco/004/1339970.htm，参照2017-02-27，より筆者が改編して表にまとめた）

▶**考えてみよう**　外国人児童生徒を具体的に知っていますか？

Ⅲ-2　日本語指導が必要な児童生徒

　平成26年度に文部科学省によって実施された「日本語指導が必要な児童生徒の受け入れ状況等に関する調査」（文部科学省，2021）によると，公立の小学校，中学校，高等学校，中等教育学校，および特別支援学校に在籍する外国人児童生徒のうち，日本語指導が必要だとされる子どもたちの数は，47,627人とされている。「日本語指導が必要な児童生徒」のなかには，「日本語で日常会話が十分にできない児童生徒」や「日常会話ができても，学年相当の学習言語が不足し，学習活動への参加に支障が生じており，日本語指導が必要な児童生徒」が含まれている。

　第二言語の習得の領域においては，日常会話で使用される言語（conversational language）と学校などでの教科学習で使用される言語（academic language）の2種類の言語の間には，大きな区別があるとされている（Cummins, 2000）。すなわち，日常会話において，第二言語が流 暢に話せる場合であっても，授業中に使用される教師の説明や質問，あるいは，第二言語による論理的な話の展開や作文には，その理解や産出に大きな限界がある場合が多いことが指摘されている。一見，第二言語の使用に問題がないと思われる児童生徒であっても，教科学習などの学業の領域においては，十分な配慮がないと母語話者の学習者に比べて，大きなハンデキャップが生じるという現実問題が存在する。

　一般的にいって日常会話での言語使用には，具体的に意味のある社会的文脈が豊富で，相手が言っていることの理解においても，言語外情報の手がかりを使用することが可能である。教室外での昼食時や放課後の子ども同士のやり取りにおいても，相手の顔の表情やジェスチャーを含む態度からも多くの情報を得ることができる。しかし，学校などの教育場面における教科学習で使用される言語には，異なった側面の性質がある。すなわち，フォーマルな教育場面では，具体的な手がかりが少ないことが多く，教科者に書かれている文字や教師の話しことばなどの情報のみが，学習者に与えられることが多くなる。そのため，学習者は母語でない言語で，そのような抽象的な思考や推論を巡らせ，教師が期待する回答を導き出さないといけない場面が少なくない。

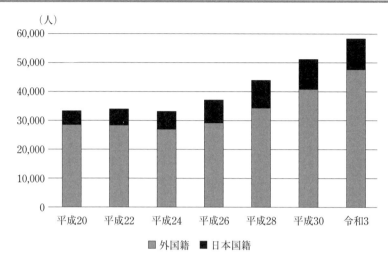

図Ⅲ-1　公立学校における日本語指導が必要な外国人児童生徒数の推移
（文部科学省「日本語指導が必要な児童生徒の受け入れ状況等に関する調査（令和3年度）」
の結果のデータから，著者がグラフを独自に作成。文部科学省「外国人児童生徒等教育の現
状と課題」https://www.mext.go.jp/content/20210526-mxt_kyokoku-000015284_03.pdf，参照
2023-08-26）

表Ⅲ-2　日本語指導が必要であるかどうかの判断についての調査結果

判断基準	回答学校数
児童生徒の学校生活や学習の様子から判断	8,065校
児童生徒の来日してからの期間を対象基準に	2,982校
DLA や類似の日本語能力測定方法により判定	1,751校

（文部科学省「『日本語指導が必要な児童生徒の受入状況等に関する調査（平成28年
度）』の結果について」（平成29年6月13日）。http://www.mext.go.jp/b_menu/hou
dou/29/06/__icsFiles/afieldfile/2017/06/21/1386753.pdf，参照2017-01-05）

▶**考えてみよう**　日本国籍でありながら日本語指導が必要な子どもがいる理由を考えて
みよう。

Ⅲ-3　「トピック型」JSL カリキュラム

　子どもが特定のトピック（たとえば，磁石にはどのような性質があるのか）を探求する際に，共同的な学習活動をとおして，日本語が習得しやすい環境を提供して，日本語能力の不十分な子どもに，教科学習に必要な日本語能力を身につけさせる目的で実施されるのが，この「トピック型」JSL カリキュラムの特徴である。また，JSL とは，Japanese as a Second Language が省略されたものであり，日本語を第二言語とする子どもたちや，その言語指導，教育方法などを含む広範囲な意味の学術用語である。

　学校での教科教育の場面では，一般的にいって，言語使用の際に具体的な手がかりが少ないことが多く，教科者に書かれている文字や教師の話しことばなどの情報のみが，学習者に与えられることが多くなる。そのような抽象的な言語使用を避け，具体的な活動をとおして，具体的な文脈を伴った場面での言語使用を奨励しつつ，日本語能力が不十分な子どもたちにとって，日本語が習得しやすい環境を整えていくことが，このカリキュラムの特徴である。

　図Ⅲ-2 に示すとおり，こちらのカリキュラムでは，学習活動を「体験の具体化」「探索の具体化」，そして「成果の発信」の三つの局面で構成することを求めている。「体験の具体化」とは，子どもたちがいま体験していることや，かつて体験したことに具体的で明確な形を与える局面とされている。また，「探索の具体化」とは，具体化された体験を基礎にしながら，他の子どもたちや教師との話し合いや，情報探索によって，トピックについての理解を深めていく局面をさしている。最後に，「成果の発信」とは，いわゆるプレゼンテーションを意味している。探求の成果を他者に向けて日本語で発信していくことによって，「体験」や「探求」の局面においても子どもたち発見した内容，認識した内容，あるいは，自分の考えや感想などを，仲間や教師に向けて，日本語を使って表現することには大きな意味がある。また，そのようなプレゼンテーションを行う仲間の発表内容を聞くことも，日本語の習得には大きな意味がある。周囲のみんなと同じ活動をして，多くの具体的な情報を共有しているからこそ，言語だけでは不十分な内容の理解も促進されることになる。

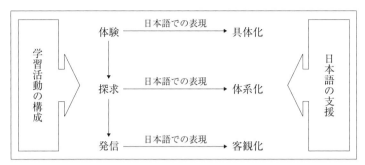

図Ⅲ-2　「トピック」型 JSL カリキュラムに関する概念図
（文部科学省初等中等教育局国際教育課「『トピック』型 JSL カリキュラム」（平成21年），http://www.mext.go.jp/a_menu/shotou/clarinet/003/001/008/002.htm，参照2017-02-27）

▶子どもの日本語能力が，かりに低くても，母語で培った学力が好奇心は，年齢相応であることが多い。一人ひとりの子どもの知識の量や興味関心にあわせて，トピックは選定されないといけない。実際の体験や具体物の活用，写真や絵などの視覚イメージ情報の活用など，言語情報以外の情報が理解の助けになることが多い。

表Ⅲ-3　学習活動のレベルに応じた学習活動の展開

学習活動の展開	学習活動のレベル		
	レベル 1	レベル 2	レベル 3
体験	直接体験	直接体験／間接体験	間接体験／直接体験
探求	具体物の操作	具体物の操作	言語的思考／具体物の操作
発信	具体物の利用	具体物の利用	言語的表現／具体物の利用

（文部科学省初等中等教育局国際教育課「『トピック』型 JSL カリキュラム」（平成21年）　http://www.mext.go.jp/a_menu/shotou/clarinet/003/001/008/002.htm，参照2017-02-27）

▶**考えてみよう**　日本語を教えることとのおおきな相違点は？

Ⅲ-4　言語セラピー習得法

　日本語能力が十分でない個人に対して，その日本語習得を促進させるための個別対応の日本語教授法が，言語セラピー習得法である。著者が，オーストラリアのある大学のコミュニケーション障がい学科に，文部省の在外研究員として訪れた際に，その学科のスタッフの著者への英語での接し方から，考案されたものである。右の頁に示す四つの具体的な対話例を参照しながら，この方法の四つの原則について紹介していく。

　その四つの原則とは，日本語能力が不十分な個人と日本語で接する場合に，①習得者へ選択肢を提示すること，②支援者が代わって言語化すること，③習得者の不十分な日本語の発話を拡充して表出すること，および④習得者の誤り対して，正しい日本語の発話モデルを示すことである。

　語学の初心者に共通した問題は，伝えたいことがあるにもかかわらず，それをどのように表現していいのかわからないという事態に，たびたび出くわすことである。そのようなときに，対話例①で示したように，相手が，「Aですか？それともBですか？」と具体的な選択肢を提示して相手に質問することは，円滑なコミュニケーションをする上では，大きな助けとなる。対話例②は，日本語能力が不十分な人の発話を，支援者が代わりに言語化することを示している。対話例③では，日本語として不十分な表現を広げていく形で，より日本語らしい表現に，あるいは，よりわかりやすい表現に言い直している。

　さらに，正しくない日本語の訂正や言い直しが求められるケースがあるかもしれないが，そのようなことは，コミュニケーション意欲を削ぐことになる。対話例④でも示されているように，基本的には，語学の初心者の間違いを訂正することは控えるべきであると考えられる。そうではなく，相手の発話意図が了解可能な場合には，その意図するところを受け入れて，そのあとで，正しい日本語の発話モデルを暗に提示するという対応の仕方が望ましい。

　このようにできるだけ自然な文脈のなかで，日本語を母語にする支援者が，日本語の使用が困難な児童生徒に，その習得を支援していくことが，日本語を教える行為よりも，教育現場においては，より必要とされる。

〈対話例①　習得者へ選択肢を提示する〉
〈1-1〉習得者：（日本語で言いたいことが表宿できずに無言）
〈1-2〉支援者：尋ねていること，わかんないんかな？　バスで来たの？　それとも歩いて？
〈1-3〉習得者：歩く。
〈1-4〉支援者：歩いてきたんだ。誰と歩いて来たの？　お父さんと？　それともお姉さんと？

〈対話例②　支援者による習得者の意図の言語化〉
〈2-1〉習得者：昨日。（と言って，カバンからどこかの入場券の半券を出す）あのう。
〈2-2〉支援者：あっ，昨日どこかに行ってきたのかな？
〈2-3〉習得者：そう，ここ。
〈2-4〉支援者：見せてくれる？　あぁ，国立新美術館？　こちらで何の展示してたのかな？
〈2-5〉習得者：韓国と日本。
〈2-6〉支援者：韓国と日本の展示だったんですか？

〈対話例③　習得者の不十分な日本語の発話の拡充〉
〈3-1〉習得者：宿題，これ一人できない。
〈3-2〉支援者：そっかぁ，この宿題，一人じゃできなかったんだ。ちょっと難しかったもんね。
〈3-3〉習得者：がんばった。でも，ダメ。
〈3-4〉支援者：昨日がんばってやったけど，この課題はできなかったんだ。でも，できているところもあるじゃない。

〈対話例④　習得者の誤り対して，正しい日本語の発話モデルを示す〉
〈4-1〉習得者：すいません。わたし，聞くこともっています。
〈4-2〉支援者：はい，なんでしょうか？　私に聞きたいことがあるのですね。
〈4-3〉習得者：明日あなたの家に来てもいいですか？
〈4-4〉支援者：もちろん，いいですよ。いつか私もあなたの家に行きますから。

▶考えてみよう　相手を見つけてやってみよう。

Ⅲ-5　相手を尊重するコミュニケーション

　海外から日本に来た子どもたちのなかには，日本語能力だけが低いにもかかわらず，知的にも学力的にも年齢より低いとみなされてしまうことが少なくない。言語によるコミュニケーション能力は，人を評価する上では，一つの物差しになるには違いないが，それがすべてではない。

　彼らは，それまで日本語以外の第一言語で教育を受け，それなりの知識や技能を有している。教室のなかにおいても，そのような知識や技能を引き出して，クラスで共有できる機会をもつことが重要である。たとえば，右の頁に示す教師と生徒の対話では，中国からやってきた陳さんという生徒に対して，教師は，一般の日本人生徒が知らないと思われることについて質問している。

　〈対話例１〉においては，中国での英語教育についての話題で，陳さんの知っていることをみんなで共有しようとしている。そのことによって，クラスの子どもたちは，陳さんがみんなにとっては情報を提供してくれること，一般の日本人よりも中国人が早くから外国語の教育を受けていることなどを知ることができる。

　また，〈対話例２〉においては，英語と日本語の比較だけではなく，中国語の例を示してくれる中国人の陳さんに対して，子どもたちは，さらなる好奇心をもつ可能性も高い。ここでも，一般の日本人生徒にとっては，自分たちが知らない貴重な情報を教えてくれる人であるという認識ができよう。

　何よりも重要なことは，海外から来た子どもである陳さんにとっては，このようなやり取りが，自分の自尊心を高める結果になることである。日本に来てから日本語の能力の問題で，先生や友人の発話の理解も十分できずに，みんなの会話についていくだけで，精いっぱいだった状況が，このような教師の配慮によって，その子どもに自信をつけさせ，他の子どもたちとのかかわりもつことも可能になり，なおかつ，その子どもの自尊心をも高めることができる。

　教師にとって大切なことは，一人一人の子どもができないことに着目するだけではなく，その子がもっていて，他の子どもには見られない，特徴や個性を見出し，それをクラス全体で共有することである。

〈教室での外国人生徒との対話例①〉
（クラスで小学校の英語教育の話題が出たときに）
教師：陳さんの出身国の中国では，英語教育は進んでいるのかな？
生徒：私たちは，小学校3年生に英語を勉強します。
教師：そうなんだ。3年生から英語の学習が始まるんですね。
生徒：そう。幼稚園も英語勉強します。
教師：幼稚園でも，英語を教えているところがあるんだ？
生徒：すべて違う。幼稚園行かない子どもいる。
教師：幼稚園の全部でやっているわけではないんだ。
　　　それに，幼稚園に行かない子どももいるんだね。

〈教室での外国人生徒との対話例②〉
（英語の語順と日本語の語順についての話題のときに）
教師：日本語を英語に訳すときに，ことばの順番どおりにはいかないことが多
　　　いよね。たとえば「朝ごはん食べましたか？」っていう日本文は，
　　　"Have you had your breakfast?" っていうように，朝ごはんの位置が最初
　　　から最後になっちゃいますよね。陳さん，中国語ではどうなんですか？
　　　どんなふうに言うのかな？
生徒：吃早饭了吗？
教師：日本語にすると，一語一語は，どんな順番になってるのかな？
生徒：あぁ，食べる，朝ごはん，そして，過去，質問。
教師：主語は入れないの？　あなたは，なくてもいいの？
生徒：你吃饭了吗？　入れてもいい。入れないでもいい。
教師：そうなんだ。入れてもいいし，省略してもいいんだ。

▶**考えてみよう**　相手のことばを繰り返すことの意味を考えてみよう。

Ⅲ-6　教師に必要なコミュニケーション能力

　ファーストフードのお店で，マニュアルどおりの会話ができる人が，コミュニケーション能力が高いとは思えない。相手の想いや気持ちを無視して，自分の主張だけを通そうとする人も，コミュニケーション能力は高くない。この人の話をまた聞きたい，この人とまた話したい，と思うような人は，どのようなコミュニケーションの技能を身につけているのだろうか。

　教師は，そもそもコミュニケーションの専門家である。子どもたちが知らない情報を自分のことばで伝え，子どもたちを納得させる。しかし，子どもたちとひとくくりにできない状況が少なくない。あるタイプの子どもたちには，ある説明で十分だとしても，他のタイプの子どもたちには，それでは伝わらないこともある。つまり，相手の理解の様子に注意を向けながら，ことばを選択する，あるいは，相手の反応を見ながら，説明の仕方を変化させるという技能が求められることになる。

　また，教室での不規則な子どもの発言には，ベテランの教師であっても，十分にそれをひろって，適切に返せる教師は意外に少ないかもしれない。授業指導案どおりに授業を進めたい場合には，なおさら，子どもたちの多くの発言に，すべて適切に反応することは難しい。しかし，一言でもよいので，子どものことばに反応することを心がけたい。一人に反応すると，次から次へと話し出すのも，子どもの特徴である。しかし，多くの場合，一人の子どもの発言が，クラスの子どもたちの気持ちを代表している可能性がある。

　右に示す三つの教師と子どもの対話例は，そのような可能性を示している。子どもひとりの発言で終わることなく，多くの場合，教師がもしかすると気づいていないクラスの多数の意見を代表しているのかもしれない。そのような場合には，少なくとも，それを無視した結果に終われば，クラスの子どもの多くが，自分たちが無視されたと思うことになる。

　個別の一人の発言が，授業時間内には，応えられない場合には，授業の終了後や放課後に，コミュニケーションをとることも可能である。子どもが無視されたと思わない対応に留意したい。

〈教師と子どもの対話例①〉
子ども：これテストに出るの？
教　師：テストに出るのかどうかが気になるんだ。大切なことっていう意味で
　　　　は，テストに出るかもしれないね。でも，無理に覚えなくてもいい
　　　　よ。何度でも，このことについては，これからも話すから。
子ども：じゃ，今は無理して覚えなくてもいいの？
教　師：そう。これから話す内容も聴いててね。

〈教師と子どもの対話例②〉
子ども：先生，そんなの，ひいきです。
教　師：佐藤さんにしてもらおうって先生が言ったこと？　どうしてひいきだ
　　　　と思うのかな？
子ども：だって，佐藤さんでなくても，ちゃんとできる人はほかにもいると思
　　　　います。
教　師：今回は，佐藤さんにしてもらいたいなって思ったんだけど。あなたも
　　　　立派にできるだろうなって先生は思ってますよ。次の機会には，あな
　　　　たにも鈴木さんにもお願いしますね。

〈教師と子どもの対話例③〉
子ども：宿題ばっかり多すぎる。
教　師：今日はほかにも，宿題あったっけ？
子ども：国語はこれだけだけど，数学も理科もあったし。
教　師：そっか。他の教科でも宿題が出てるんだ。それじゃ，明日までじゃな
　　　　くって，来週の火曜日までにしましょ。それでいいかな？

▶考えてみよう　大事だと思うことをまとめてみよう。

Ⅲ-7　視覚シンボルによる意思伝達

　20世紀の後半，南アフリカからカナダに移住したマハラージ氏は，北アメリカにおいて，道案内などで広く使用されていた視覚シンボルを，一対一のコミュニケーション場面でも活用できるように改良し，とりわけ言語に障がいがあり不自由を感じる人たちに，意思疎通の手段を提供した（マハラージ，1995参照）。そして，筆者を含む日本の心理学者らが，日本PIC研究会としい組織を作り，そのような視覚シンボルが日本でも，普及するように努めた。1995年には，『視覚シンボルによるコミュニケーション：日本版PIC実践用具』（藤澤・井上・清水・高橋，1995）が，シールとボードの形態で出版され，音声言語の使用が難しい人たちのコミュニケーションや教育現場で，少しずつ使用されていくようになった（藤澤，2001）。

　また，いわゆるピクトグラムが人間の情報処理にとって，いかに有効に機能するのかについての，さまざまな調査や心理学実験が実施されるとともに，日常会話に必要な使用頻度の高い語彙の選定，そのデザインの開発，教育場面での応用への提言などがなされた（清水，2003参照）。さらに，ボードに貼られたピクトグラムを指さしてコミュニケーションをとるという方法から，パソコンなどの情報機器を用いてピクトグラムの活用が可能となるようなソフトウエアの開発なども，早い時期から始められていた（井上・加藤，1997）。

　現在では，静止画のピクトグラムだけでなく，単純な形でアニメーション化された動画シンボルも開発され，静止画よりもよりよく理解され認知される特性が，特別支援の実践場面など，さまざまな場面でその効果が発揮されることが示されている（Fujisawa, Inoue, Yamana, & Hayashi, 2011参照）。とりわけ，動きを表現するような概念については，静止画では表現されにくい特性があるため，動画シンボルが，その弱点を補える可能性がある。パソコンなどの情報機器が手軽に利用できる現在にあっては，そのような活用場面は，ますます増加することが予想される。

　このように，多くの人たちが日常目にするようなデザインのシンボルでコミュニケーションをとることに，大きな意味があるように思われる。

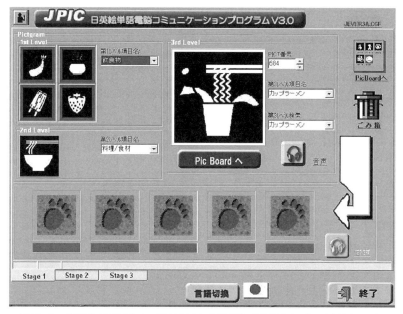

図Ⅲ-3 筆者らが開発した「PICDIC」と呼ばれる視覚シンボルの活用ソフト
（京都のコムフレンドから発売，日本語と英語の二言語での表示と音声の再生が利用できる）

▶考えてみよう 視覚シンボルが役に立つ場面を考えてみよう。

Ⅲ-8　ビジュアル・コミュニケーション

　欧米に比べて，日本においてピクトグラムが使用されるようになったのは，比較的最近のことだといえる。1964年のオリンピックでは，高度なデザイン性が備わった競技種目を表現するピクトグラムが開発され，その有効性が初めて認知されはじめた。しかし，広く普及するためには，2001年に国土交通省によってJIS化された標準案内用図記号，さらには，2005年に経済産業省によってJIS化された消費者用絵記号の標準化をまたなければならなかった（井上，2014）。コミュニケーションは，言語でなされるのが一般的ではあるが，ピクトグラムを活用したり併用したりすることで，さまざまな場面でメリットが生じる。

　初回の東京オリンピックの開催時，日本では，まだ視覚シンボルを活用するということは一般的ではなかった。日本では，中国と同様にそもそも表意文字である漢字を使用することから，ひとつのシンボルで，ある特定の概念を表現することの必要性が感じられなかったのかもしれない。表音文字のアルファベットのみを使用する世界の多数派の言語では，特定の概念を表現するのに，通常は複数の文字を使用しないといけない。しかし，漢字を使用すれば，「男」と「女」の一文字で表現することが可能になる。「駅」「港」「押」「引」「開」「閉」などの1文字の漢字が，現在でも案内用の表示として使用されることは珍しいことではない。

　しかし，日本語や漢字を理解できない人たちでもわかる表示を用意しないといけないという意識の高まりや，単に外国人だけでなく，このようなピクトグラムの表示は，一般の人たちにもわかりやすいという声が反映されて，その後，ピクトグラムは日本での市民権を得ていくことになるのである。

　このような視覚イメージ情報は，文字に比べると，直観的な理解が可能であり，それに慣れてしまうと，瞬間的にも認知されやすくなる。自動車の運転席での計器類の表示も，言語的な情報がほとんど消えて，視覚イメージ情報に置き換わったのも，そのようなことが理由であるといえる。

▶**考えてみよう**　漢字と視覚シンボルの共通点を考えてみよう。

図Ⅲ-4a　国土交通省によって標準化された125種類の標準案内用図記号の一部
▶ここに示す公共・一般施設で用いられる図記号以外にも、「交通施設」「商業施設」「観光・文化・スポーツ」などのカテゴリーに分類される視覚シンボルが含まれている。
（交通エコロジー・モビリティ財団「標準案内用図記号」https://www.ecomo.or.jp/barrierfree/
pictogram/picto_top2021.html, 参照2023-08-26）

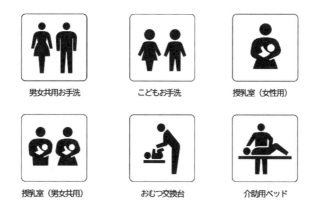

図Ⅲ-4b　2020年に追加された9個の JIS 案内用図記号
（経済産業省「案内用図記号の JIS 改正」https://www.meti.go.jp/press/2020/05/20200520001/2
0200520001-2.pdf, 参照2023-08-26）

Ⅲ-9　異なる文化背景をもつ子どもたち

　海外から来た子どもたちや，長期にわたって海外で生活することを強いられていた日本人の子どもたちにとっては，日本の学校文化にも，適応することが難しい場面が少なくない。授業の開始時や終了時の暗黙の約束事，教師が説明しているときに児童生徒に求められる好ましい行動や態度，学校に来るときの服装や所持品，昼食時の規則や食習慣，学校施設の清掃作業，さらには登校下校時に課されることがある集団行動などは，いずれも海外での学校文化にはないものがたくさん存在する。

　日本語という言語の問題だけでなく，このような文化の違いによって，海外からの児童生徒が受ける心理的なストレスも，日本の学校への適応を遅れさせる大きな要因となりうる。

　筆者は，文化を以下のように定義している。すなわち，文化とは，「人間が創り上げてきた有形無形の産物で，人間の生き方や生活に大きな影響を与えるもの。」そして，その文化は，「伝統文化」と「生活文化」に，区別できると考えている（井上，2002）。さらに，異文化理解に必要な文化は，いわゆる伝統文化ではなく，その中で生活している人間にとっては，無意識で処理されてしまっているような生活文化である。右頁の図を見ていただきたい。

　とりわけ，日本にいるのだから，日本の文化に従うのが当然だとするような考えは，少なくとも教師はもつべきではない。日本の文化が最高のもので，他の文化はとるに足りないものであるという考え方は，自文化中心主義と呼ばれるもので，好ましい異文化理解の対極にある考え方である。それぞれの文化にはそれぞれの価値があり，多くの場面において，その比較において優越つけがたいことが少なくない。子どもたちが自分のなかで，いずれの文化に従えばよいのかを判断すること，あるいは，それぞれの文化の良いところと良くないところを認識することも重要なことだといえよう。最終的な目標は，日本の文化に適応するということではなく，複数の文化を経験していることを強みにして，それぞれの文化の特質を客観的に把握することである。そのようなことができる個人こそ，これからのグローバル化された社会では，強く求められる。

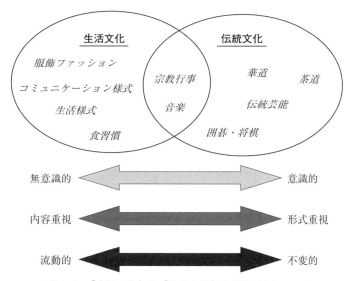

図Ⅲ-5　「生活文化」と「伝統文化」の区分（井上，2002）

▶海外から子どもが日本に来て，すぐに身につけないといけないものは，日常的には触れることが少ない日本の伝統文化ではなく，生活文化である。

▶**考えてみよう**　生活文化には，ほかにどのようなことが含まれるだろうか？

Ⅲ-10　異文化の受容と適応

　海外から日本に来た子どもたちにとって，学校生活で困ることは，日本語の問題だけではない。文化現象の一つ一つは，明文化されていることが少なく，そこで暮らす人たちには，当たり前のこととして受け入れられている。したがって，その当たり前のこともわかっていない人たち，あるいは，自分たちの社会的規範を守らない人たちに対しては，非常に厳しい目が向けられる。

　宗教上の理由で食事に制限が課せられる場合がある。たとえば，豚肉やアルコール類を口にしないというイスラム教徒の食生活がある。イスラム法のもとでは，豚肉を食べることが禁じられているだけでなく，スープや調理に使う油でも豚肉が使用させていない必要がある。また，飲酒だけでなく，洗浄や除菌にアルコールが使用されることも，避けないといけないことになっている。

　寿司は日本の食文化として，世界的な広がりを示しているものの，生魚を食べる文化は世界では珍しい。海外のすし店で，カリフォルニアロールなどの生魚を用いないメニューに人気が集まるのもそのためである。匂いの強い納豆や，黒い紙に見える海苔なども，一般の外国人は好んで食べようとはしない。

　しかし，異文化に出くわして，最初は，大きな抵抗がある，このような食文化でさえも，そのうちに，「自分はそうはしないけれど，そういうことを好んでしている人たちがいることは理解できる」というような受容の段階を経験し，それがさらに進むと，自分もそのような行動を意識せずにしているという適応の段階に進むことが多いとされている。このモデルは，Shaules（2007）によって，提唱されたモデルであり，右の図によって，具体的に示されている。

　異文化理解を考えるとき，適応は，早ければ早いほど良いものではない。あまりにも急激なホスト社会への適応は，内的適応性を犠牲にしての外的適応性重視ともいえる。すなわち，それまでに培ってきた自分がもつ内面的な大切な部分を犠牲にして，あるいは，自分のそれまでの考えや感情を犠牲にして，行動面のみホスト社会の文化にあわそうとすることは，精神衛生上望ましいことだとは考えられない。本人が納得できる形で，時間をかけてホスト社会に適応していくことこそ，望ましいことだといえる。

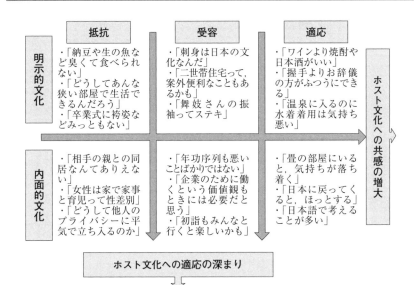

図Ⅲ-6　Shaules（2007）の "Deep Culture" の異文化理解のモデルを参考に，筆者が具体的な異文化理解の現象を明示した図

▶「明示的文化（Explicit culture）」とは，外から観察可能な個々の文化現象をさす。また，「内面的文化（Implicit culure）」とは，他人からはわかりづらい心理的な文化現象をさす用語と考えられる。Shaules（2007）は，ホスト文化（海外から日本に来た子どもの場合は，日本の文化）への共感が大きくなれば，異文化への抵抗が徐々になくなり，受容の段階を経て異文化に適応するのだとしている。

▶**考えてみよう**　受容できるが適応できない文化があるだろうか？

Ⅲ-11　JSL 対話アセスメント

　外国人児童生徒の日本語能力の測定に関して，文部科学省は，東京外国語大学に委託して，「学校における利用可能な日本語能力の測定方法」の開発を行った。

　外国人児童生徒の総合的な学習支援事業の一環として刊行された，『外国人児童生徒のための JSL 対話型アセスメント』（文部科学省，2014）によると，このテストの対象となる子どもは，基本的には，日常会話はできるが，教科学習に困難を感じている児童生徒である。また，そのアセスメントの形式は，マンツーマンの対話形式をとっており，学校の一コマのなかで終えられるように工夫されている。その概要な手続きについては，右の図に簡略化して示している。

　このように対話式に子どもの日本語能力を評価していくことには，いくつかのメリットがある。一つには，日本語が読み書きできない子どもでは，ペーパーテストが無理であるが，話しことばとしての日本語能力を評価することが可能である。また，評価する教員の自己紹介に始まり，相手の名前や学年，年齢，誕生日を尋ねたり，友だちのことや学校での好きなことや嫌いなことを尋ねたりするといった比較的自然な文脈のなかで，アセスメントが可能なように作成されている。実践ガイドが具体的に，その質問を順序立てて示しているために，実践ガイドに基づいて，評価していくことが可能であるといえる。

　右のページには，DLA における JSL 評価参照枠として，日本語の力を 6 段階に分けて，評価しようとするようすが示されている。初期支援段階に位置づけられるステージ 1 や 2 の評価を受ける子どもたちの場合は，在籍学級での学習は不可能で，手厚い指導が必要とされている。また，個別学習支援段階に位置づけられるステージ 3 や 4 の評価を受ける子どもたちについては，クラスでの活動と並行する形で，個別指導することが必要とされている。さらに，支援付き自律学習段階に位置づけられるステージ 5 や 6 の評価を受ける子どもたちは，自律的に学習しようとする態度が見られるとして，常時個別対応するのではなく，必要に応じて支援していることが必要としている。

表Ⅲ-4　DLA における JSL 評価参照枠

支援の段階	ステージ	学齢期の子どもの在籍学級参加との関係
初期支援段階	1	学校生活に必要な日本語の習得がはじまる
	2	支援を得て, 学校生活に必要な日本語の習得が進む
個別学習支援段階	3	支援を得て, 日常的なトピックについて理解し, 学級活動にも部分的にいる程度参加できる
	4	日常的なトピックについて理解し, 学級活動にある程度参加できる
支援付き自律学習段階	5	教化内容と関連したトピックついて理解し, 授業にある程度支援を得て参加できる
	6	教科内容と関連したトピックについて理解し, 積極的に授業に参加できる

（文部科学省「外国人児童生徒のための JSL 対話型アセスメント」（平成26年1月, 初等中等教育局国際教育課）から筆者が改変して作成。http://www.mext.go.jp/component/a_menu/education/micro_detail/__icsFiles/afieldfile/2014/03/20/1345383_1.pdf, 参照2017-03-13）

導入会話
【DLA実践ガイド】に基づき, 初対面の挨拶, 面談（アセスメント）の説明に続き, 所定の質問を指定された順番でおこなう

語彙力チェック
所定の語彙カードを用いて, 絵の内容を単語レベルで発話させる

また, できる限り, 母語の能力についても, チェックすることが望ましい

4技能の評価
文字がわかるレベルであると判断される場合には, 【話す】技能の評価を省略して, 【読む】【書く】【聴く】のタスクに進むことができる

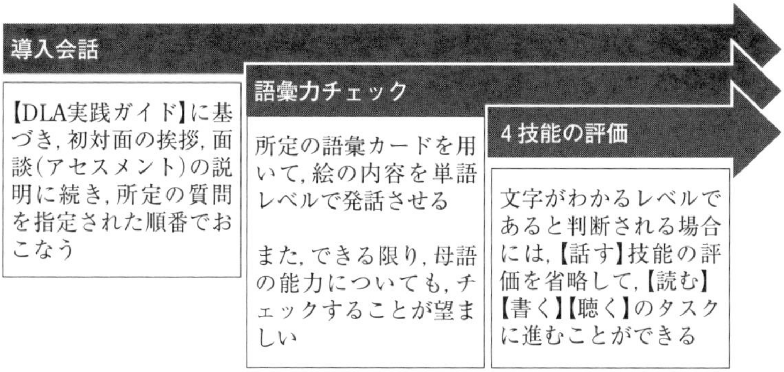

図Ⅲ-7　DLA（Dialogic Language Assessment）の概要とその手順
（文部科学省「外国人児童生徒のための JSL 対話型アセスメント」（平成26年1月, 初等中等教育局国際教育課）を参考に筆者が独自に作成。http://www.mext.go.jp/component/a_menu/education/micro_detail/__icsFiles/afieldfile/2014/03/20/1345383_1.pdf, 参照2017-03-13）

▶**考えてみよう**　文部科学省の関連の HP を確認しよう。

Ⅲ-12　母語を大切にすることの意義

　1989年の第44回国連総会において，子どもの権利条約が採択され，1990年に発効した。日本は1994年に批准している。その中の教育に関する条文の第29条と第30条の条文を右のページに記載している。

　ここでは，下線部の文面からも明らかなように，児童（この権利条約においては，18歳未満の子どもたちをさす）は，教育現場において，自己の文化と言語が尊重される権利を有していることが明示されている。さらに第30条の後半部分には，「自己の言語を使用する権利を否定されない」と記述されている。

　しかし，日本の教育現場においては，できるだけはやく日本語を習得することのみが強調され，母語については，その継続的な使用や保持について，ほとんど配慮されていないのが現実である。このことは，日本の教育現場において，民族的言語的少数派の子どもたちに対して，同化政策がとられていることを意味している。同化政策とは，力をもつ主流の民族が，力の弱い少数派の民族，あるいは集団に対して，自らの文化や言語を受け入れるように強いる政策である。それまで身につけてきた児童生徒の文化や言語は，もはや役に立たないということを示し，それらを奪う結果になることが多い。

　多くの場合，日本にやってきて教育を受けようとする児童生徒は，自分の意思に反して，あるいは，親たちの意思に従って仕方なく日本にやってくることが多い。それまで身につけた言語を含む知識や技能のうえに，新たな教育成果を積み上げていく必要がある。そのためには，母語が意味のあるものだと子ども本人が自覚できるような指導や支援が強く望まれる。

　日本の学校のなかでは，少数派の言語や文化を尊重し，それを一般の日本人児童生徒に伝え，広めていくことは，文科省が唱える多文化理解や外国語の活動に大きく資することでもある。日本人が習得すればよいのは，英語だけではない。クラスメイトの母語こそ，学習することに大きな意味がある。場合によっては，そのような海外にルーツをもつ子どもの父母など保護者の協力を得る必要もある。教育現場では，そのような活動や支援を大切にしていきたいものである。

児童の権利に関する条約

第29条

1　締約国は，児童の教育が次のことを指向すべきことに同意する。

　(a)　児童の人格，才能並びに精神的及び身体的な能力をその可能な最大限度まで発達させること。

　(b)　人権及び基本的自由並びに国際連合憲章にうたう原則の尊重を育成すること。

　(c)　<u>児童の父母，児童の文化的同一性，言語及び価値観，児童の居住国及び出身国の国民的価値観並びに自己の文明と異なる文明に対する尊重を育成すること。</u>

　(d)　すべての人民の間の，種族的，国民的及び宗教的集団の間の並びに原住民である者の理解，平和，寛容，両性の平等及び友好の精神に従い，自由な社会における責任ある生活のために児童に準備させること。

　(e)　自然環境の尊重を育成すること。

2　この条又は前条のいかなる規定も，個人及び団体が教育機関を設置し及び管理する自由を妨げるものと解してはならない。ただし，常に，1に定める原則が遵守されること及び当該教育機関において行われる教育が国によって定められる最低限度の基準に適合することを条件とする。

第30条

<u>種族的，宗教的若しくは言語的少数民族又は原住民である者が存在する国において，当該少数民族に属し又は原住民である児童は，その集団の他の構成員とともに自己の文化を享有し，自己の宗教を信仰しかつ実践し又は自己の言語を使用する権利を否定されない。</u>

（外務省「児童の権利条約（児童の権利に関する条約）」（平成29年 7 月12日）　http://www.mofa.go.jp./mofaj/gaiko/jido/pdfs/je_pamph.pdf，参照2017-12-01）

▶**考えてみよう**　日本の子どもが日本語を喪失する可能性を考えてみよう。

IV
福祉の教育と人間の感情

Ⅳ-1　人権と福祉

　人間は人間らしい生活を営み，幸せな人生をおくる権利をもっている。しかし，実際にはさまざまな理由により，その実現は，多くの場合簡単なことではない（井上，2004）。

　右の図は，2022年に実施された世論調査の結果で，人権を侵害されたと思ったことが「ある」と答えた回答者が示したその内容である。その結果で最も多かったのは，「インターネット上での誹謗中傷などの人権」，つぎに「障がい者」「女性」「子ども」が続く。私たちは，毎日，社会のなかで，さまざまな人たちとかかわりをもちながら生きている。現代の日本社会においては，国の権力による人権侵害よりも，私たちの一般市民どうしによる人権侵害が社会問題になっていることが読みとれる。また，調査時期がコロナ禍であったこととの関連で，感染症患者・医療従事者やその家族などに対する人権問題にも関心が高かったことが示されている。

　私たちは，被害者になる可能性とともに，加害者になる可能性も少なからずもっている。自分自身の人権については敏感であっても，他人のことになると無関心であったり，感受性が鈍くなるのが，人間の悲しいところでもある。近くにいる人たち，とりわけ，弱い立場におかれている人たちの人権について，充分に留意しないと，お互いが人間らしい幸せな人生をおくれているとはいいがたい。すなわち，一人ひとりの幸せについては，私たちは容易に意識化することが可能であるが，社会的なレベルでの幸せについては，それを意識することが難しい。

　そもそも，人権とは，すべての人々が生命と自由を確保し，それぞれの幸福を追求する権利であることを考えると，とりわけ，そういうことの実現に問題を抱えていると思われる，障がい者や高齢者，幼児や外国人などの社会的弱者の立場にたって，さまざまなことを考えていく必要がある。そのような意味においても，福祉の実現と人権侵害の問題は切り離せない関係がある。

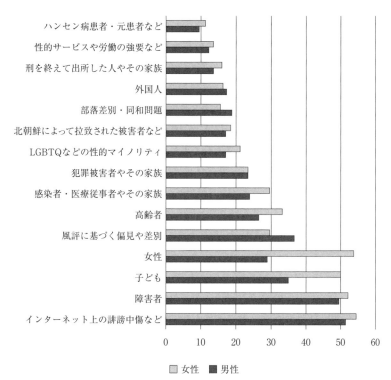

図Ⅳ-1　2022年に内閣府によって実施された「人権問題に対する関心」についての世論調査の結果

▶犯罪の被害者や感染症の患者，そしてその家族など，本来は救済されるべき人たちへの差別や偏見が多いことが特徴さして示されている。

（内閣府大臣官房政府広報室が令和4年8月に実施した世論調査の報告書のデータから，著者が独自にグラフを作成したもの。内閣府「人権擁護に関する世論調査（令和4年8月調査）調査結果の概要」https://survey.gov-online.go.jp/r04/r04-jinken/2.html#midashi6，参照2023-08-25）

▶**考えてみよう**　あなたが知っている外国人児童生徒は，どのように人に紹介できるか？

Ⅳ-2　マクロの福祉とミクロの福祉

　一人一人が福祉や他人の人権について十分考えて，より好ましい社会を作っていこうとしても，社会の制度やシステムが，そのようなことを妨げてしまうことは少なくない。

　日本国憲法の第14条1項には，「すべて国民は，法の下に平等であって，人種，信条，性別，社会的身分又は門地により，政治的，経済的又は社会的関係において，差別されない。」と明記されているものの，私たちは，生まれたときから平等ではない。衣食住において快適な条件が与えられ，多くの人たちからの愛情をふんだんに受けて育つ子どもがいる一方で，食べるものも十分に与えられず，衛生的ではない劣悪な環境のなかで，十分な養育も受けずに成長していく子どもたちもいる。生まれてくる子どもは，自分の家庭環境を自らの意志で選択することはできない。

　右の図に示すような貧困の連鎖は，個人の努力によっても断ち切ることが難しい問題を多く含んでいる。すべての人間が人間らしい幸せな生活を送るためには，社会の制度やシステムを常に監視し，改善していく必要がある。そのような意味においては，個人の問題としてとらえるのではなく，社会レベルでの福祉の問題が重要になってくる。ここでは，このような側面で福祉をとらえることをマクロの福祉と呼び，人間一人一人の個人の問題としてとらえることをミクロの福祉と呼ぶことにする。

　上野谷・松端・山縣（2012）は，地域に根ざした生活支援サービスの必要性を説き，各自治体がどのようにシステムとして整備していくかが大きな課題であると指摘している。そして，そのような生活支援サービスづくりの支援と応援のポイントとして，以下の4点をあげている。①地域住民の「思い」と「行動力」を結びつける公民協働の環境づくり，②生活支援サービスの人材養成のための学習の機会の増大，③生活支援サービスと公的サービスの連携，④地域のネットワークや「絆」を生み出すための取り組み。

　上記の上野谷ら（2012）の提言には，マクロとミクロの福祉をつなぐことの必要性が指摘されている。

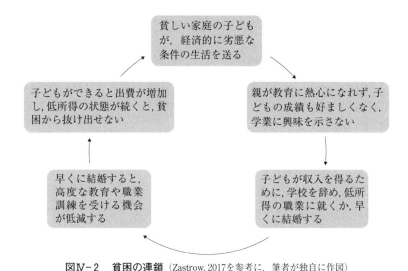

図Ⅳ-2　**貧困の連鎖**（Zastrow, 2017を参考に，筆者が独自に作図）

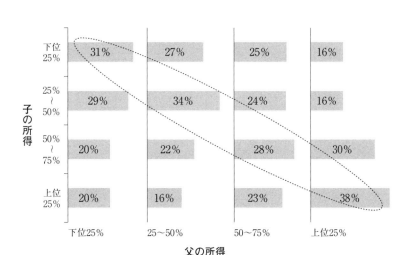

図Ⅳ-3　**父の所得と子の所得の関係**（佐藤・吉田，2007をもとに作成）
▶点線の楕円部分の割合が大きいことが，両者の所得額が類似していることを示している。

▶**考えてみよう**　貧困の連鎖を立ち切る方法を考えてみよう。

Ⅳ-3　社会のダイバーシティとマイノリティ

　日本では，まだまだ「心をひとつにして同じことをすること」が美徳と考える人が少なくないが，すべての人の人権や価値観を尊重するには，それぞれの人が違っていてよいことを認めることが必要である。ダイバーシティとは，社会の多様性を意味している。

　社会的少数派とも呼ばれるマイノリティは，社会的弱者に近い概念であり，必ずしも数の上での少数者集団の人たちをさしているのではない。たとえば，女性は人数では，およそ半数を占めながら社会的少数派と呼ばれることがある。それは，社会の現状や制度からみて，社会的に差別されているという事実があるからである。

　しかし，いわゆる障がい者や病人，子どもや高齢者，海外からの移住者などは人口全体から見ると，社会の少数派であり，特別な配慮がなされないと，いろいろな不利益を被ることになる。もちろん，高齢者が生き生きと活躍している姿は珍しくない。海外からの移住者が家族と幸せに暮らしているケースも少なくない。さらには，客観的には障がい者であると認定されながらも，本人は何不自由もなく生活する人もいる。彼らをひとくくりにして，社会的少数派，社会的弱者と決めつけるのではなく，一人一人の状態や問題を丁寧にみていくことが必要である。

　男女という概念も，社会のダイバーシティの推進を妨害する可能性がある。右の図は，性スペクトラムの概念を示している。いわゆる LGBTQ（Lesbian, Gay, Bisexual, Transgender, Quuer）と呼ばれる人たちの権利は，世界的には拡大しつつある。

　マイノリティの対立概念であるマジョリティは，多数者を意味するが，多くの人たちにとって共有されている常識や価値観は，マイノリティの人たちにとっては，知りえない知識であったり，ありえない価値観であったりする場合もある。

これまでのように二項対立的に
雌雄(男女)を捉えるのではなく

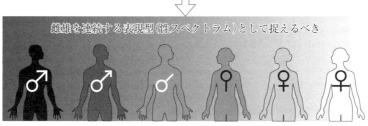

雌雄を連続する表現型(性スペクトラム)として捉えるべき

図Ⅳ-4 性スペクトラムの概念

▶男女(雌雄)の分類は相いれない対立概念としてとらえるべきではなく，徐々に変化する連続体として，とらえることが望ましいという立花らの考え方。(科研費：新学術領域研究 平成29〜33年度，領域代表：立花誠「性スペクトラム：連続する表現型としての雌雄」https://park.itc.u-tokyo.ac.jp/sexspectrum/index.html，参照2023-08-25)

▶**考えてみよう** あなたは，右の図の中において，自分はどの位置にいると感じているか？

Ⅳ-4　福祉現場におけるハラスメント

　ハラスメントという概念が日本に入ってきたのは，昭和の終わりころ，1980年代後半と言われている。1989年の「新語・流行語大賞」の新語部門では，「セクシャル・ハラスメント」が金賞を受賞した。その後この概念は，「セクハラ」という日本語として定着した。ハラスメントの元の意味は，相手に不快な思いを与えたり，ひどく悩ませたりする行為をさす。

　このようなセクシャル・ハラスメントや大学や研究機関などで見られるアカデミック・ハラスメントは，その立場や権限を利用する加害者がいることが共通している。そして，これらは，まとめてパワー・ハラスメントと呼ぶことがある。そして，そのような行為は，一度だけで終わらないで，職場や学校現場などで何度も繰り返されることになる。さらに，それを相手が拒否すると，職場や指導上の地位や権力を利用して，相手を不利な立場に追い込むという特徴を備えている。

　福祉現場では，個別の対応が多く，同じ相手との身体的な接触やコミュニケーションも必要になるため，その人間関係がうまくいかない場合には，片方が他方に対して，不快な感情を抱くことは少なくない。仮に加害者のほうに悪意がなく，むしろ好意で行っている行為であっても，被害者側には不快に思えることであれば，それはハラスメントと認定される。

　右の表では，福祉の現場で起こる可能性の強い12個のハラスメントを列挙している。カタカナの用語は，必ずしも英語圏から入ってきた外来語ではなく，和製英語もたくさんみられる。

　大切なことは，一人一人が加害者になる可能性があるということをいつもに認識したうえで，周りの人たちとのコミュニケーションに注意を払うことである。好ましい人間関係が築かれている場合には，冗談で済まされることが，そうでない場合に，同じ行為を行ったとしても，ハラスメントと相手に受け取られる場合も少なくない。また，ある人が職場で行っている行為を，自分も同じように真似してやってみると，それがハラスメントだと言われることも起こり得る。つねに周囲との人間関係に配慮のある行動が期待される。

表Ⅳ-1　福祉現場におけるハラスメント

名称	内容
エイジシルバ	・若年者が高齢者に対して行う身体的・肉体的嫌がらせ。とりわけ介護現場で見られることが多い
エイジ	・年齢による偏見や嫌がらせ
ジェンダー	・ステレオタイプ的な性差別による嫌がらせ
スモーク	・本人の意思に反する受動喫煙の被害を与える嫌がらせ
セクシャル	・性的嫌がらせ。身体的な接触だけではなく，言語による被害者にとっての不快な行為も含まれる
ドクター	・医師などの医療従事者が患者に対する不当な態度や言動
パワー	・職場などの立場や権力を利用して，下位にいる者に対して，本人の意思に反することを強要したり，正当な理由もなく，不利になるような待遇や処分をしたりすること
ブラッドタイプ	・本人の選択不可能な血液型による性格判断や，それに基づく不当な言動などの嫌がらせ。血液型による性格類型は科学的に証明されていない
ソーシャルメディア	・ラインやツイッター，FaceBook などの SNS 上での嫌がらせ。「お友達申請」や「フォロー」の強要，本人の意思に反する情報や写真の投稿などが含まれる
マリッジ	・未婚のものに対して，本人の意思に反する結婚や見合いを迫る，あるいは，からかうなどの嫌がらせ
マタニティ	・妊娠や出産を経験した者，あるいは控えたものに対する嫌がらせ。明らかな法律違反の不当行為。
テクノロジー	・IT の専門知識のある者が，そのような知識のない者に対して，わざと難解な専門語を多用するなどして不快な思いをさせる嫌がらせ

▶**考えてみよう**　どのようなハラスメントを自分はする可能性があるだろうか？

Ⅳ-5　差別発言の意識と聞き手の感情

　差別発言があった場合に，その発話者は差別の意識がないと主張し，聞き手は，差別を受けたと感じることが少なくない。そのような食い違いは，どこで起こるのであろうか。ここでは，差別発言をオースティンの発話行為論で分析してみる。

　右に示したニュースの記事は，ある機動隊員が，米軍基地周辺で抗議活動をしている市民に「土人」と発言する差別があったとするものである。問題となる多くの差別発言の場合は，話し手は差別の意識がなかったと主張し，聞き手は差別されたという感情が生じることが多い。

　このケースでは，この機動隊員は，「触るなくそ。……どこつかんどんじゃ，ぼけ。……土人が。」と発言しており，相手を見下して威圧的な態度で接していることが，その状況からうかがえる。この問題は，政府閣僚や大阪府知事，テレビのニュースキャスターなどが，その後，さまざまなコメントを残し，そのことによる反響も小さくはなかった。

　さて，オースティンの発話行為論では，①発語行為，②発話内行為，③発話媒介行為という三つの側面から分析することになる。それぞれの意味するところは，①なんらかのことばを発する行為，②話し手の意図，③聞き手が受ける影響である。「土人」は現在では，ほとんど使用されなくなったことばではあるが，その意味するところは，近代的な文明をもたない原住民に近く，差別用語かどうかの判断を置いたとしても，そのことば自体，言われて嬉しいことばではない。

　この差別発言を発話行為論にあてはめると，この機動隊員は，「土人」ということばを口にし（①発語行為），それによって，聞き手には侮辱されたという否定的な感情が生じた（③発話媒体行為）ことは事実であろう。話し手の意図（②発話内行為）は，この記事からだけでは十分に推測することが難しいが，問題の発話の前後の一連の行為からみて，当然，差別の意識があったとみるのが妥当であると思われる。差別発言を単なる個人の問題とするのではなく，その背景にある社会の差別構造にも目を向ける必要がある。

「土人」という差別発言

　沖縄県の東村と国頭村に広がる米軍北部訓練場のヘリコプター着陸帯（ヘリパッド）建設に抗議する市民に対し，現場で警備に当たる機動隊員が18日，「土人」と発言したことに対し，市民や識者からは「沖縄への差別だ」「公務中の侮辱発言はおかしい」などと指摘する声が上がった。

　「土人」という発言は18日午後，金網越しに抗議行動をする市民らが「基地やめろ」と金網を揺らすなどしたのに対し，機動隊員が「おい，早く，立ち去りなさい」「立ち去れ」などと激しい命令口調で繰り返した。さらに「触るなくそ」「どこつかんどんじゃ，ぼけ」などと罵倒した後，「土人が」と吐き捨てるように発言した。

　これを受け，市民は「おい，ヤクザ」などと反発した。暴言を吐いた同じ機動隊員に蹴られたとの証言も複数市民から上がっている。

　発言を動画で撮影していた作家の目取真俊さんは「見下しており，沖縄に対する侮蔑だ。（このような発言をしても）何とも思わないことが時代の風潮になると怖い。このような機動隊に県民の税金を使わせていいのか」と強く批判した。

　現場近くのフェンス沿いで抗議に参加した名護市の30代女性は「大阪府警の機動隊だと思うが，巻き舌気味で全て脅しに聞こえた。まるで暴力団のようだった」と語った。

　横田達弁護士は「発言が侮辱罪に当たるかどうかは公然性があるかないかによる」と説明した上で「罪になるかどうか以前に，発言をした精神構造に問題がある。抗議市民を個人として見ていない。そもそも公務中の公務員が侮辱的な発言をすること自体がおかしい」と指摘した。

　精神科医の香山リカ立教大教授は「市民を同じ人間として見ていないのだろう。発言した機動隊員だけの問題ではない。植民地のように扱ってきた沖縄への構造的差別が問題の根源にある」と分析した。

（琉球新報2016年10月19日06:30のネット配信記事。http://ryukyushimpo.jp/news/entry-377737.html，参照2017-03-19）

▶**考えてみよう**　差別発言をする人の意識を考えてみよう。

Ⅳ-6　介護のコミュニケーションと感情

　どのような場合にも，コミュニケーションにおいては，相手の気持ちを尊重することが求められる。相手が言い終わる前にいつも割り込んで話す人や，相手が言ったことをいつも批判する人，相手が言うことを無視して何の反応も示さない人，自分の自慢話ばかりする人，相手の反応を気にせずに自分勝手に話す人とは，ゆっくりコミュニケーションをとりたいとは思えない。

　すなわち，一方的に自分の主張だけを相手に伝えることは，上手なコミュニケーションではない。そして，その思いやメッセージの大切な部分は，相手に伝わらないことが多い。それでは，どのようなコミュニケーションが望ましいのであろうか。一言でいうと，それが相手の気持ちを尊重するコミュニケーションである。

　ところが，責任感が強くて，決められた仕事をしないといけないと感じる人や，自分がやらないといけないことで精いっぱいで，心理的なゆとりのない人，自分は人とのコミュニケーションが苦手であると思い込んでいる人にとっては，この相手の気持ちを尊重するコミュニケーションというのが，いかにも難しく感じる。

　とりわけ，相手がどのような人なのかがわからないとき，相手が自分に心を開いてくれないのではと感じているときなど，相手の気持ちを尊重すること自体が難しくなる。初めて出会った人の介護をするときには，そのように感じることが少なくない。コミュニケーションにおいては，声の調子や顔の表情から得られる言語以外の情報にも留意する必要がある。

　右に介護者と患者さんの対話例を三つ紹介している。介護を行っているのは，専門学校の3名の異なる実習生A，B，Cである。3名のコミュニケーションの取り方の違いに着目してほしい。コミュニケーションがとりにくい相手であっても，ことばやジェスチャー，態度でもって，何らかの信号を送っている。それをできるだけ逃さないで，それに対して反応していくことが重要である。そのことによって，相手は，この人は自分の気持ちを尊重してくれていると感じてもらえることが多くなる。

Box A 相手の気持ちを尊重しない押し付けが感じられるコミュニケーション

患者：痛い，痛い。急に動かすと痛いじゃない。

実習生A：痛いって言っても，がんばらないと何もできないでしょ。

患者：あっ，腰が痛い。ゆっくりベッド，起こして。

実習生A：（しばらく無言） 井上さん，今日もがんばってくださいね。

患者：動かさないと，動かなくなるんだろ。そんなことわかってるさ。

Box B 論理で相手を説得させようとするコミュニケーション例

患者：痛い，痛い。急に動かすと痛いじゃない。

実習生B：じっとしてる時間が長いから，動かすと痛むんですね。痛いって
言っても，がんばらないと何もできないでしょ。

患者：あっ，腰が痛い。ゆっくりベッド，起こして。

実習生B：起きずに，このままでは寝たきりになりますからね。井上さん，今
日もがんばってくださいね。

患者：動かさないと，動かなくなるんだろ。そんなことわかってるさ。

Box C 相手を尊重したコミュニケーション例

患者：痛い，痛い。急に動かすと痛いじゃない。

実習生C：ごめんね。急に動かしたから痛かったんですね。じっとしてる時間
が長いから，動かすと痛むんですね。痛いって言っても，がんばらないと何
もできないですしね。困りましたね。

患者：あっ，腰が痛い。ゆっくりベッド，起こして。

実習生C：はい，ゆっくり起こしますよ。起きずに，このままでは寝たきりに
なりますからね。井上さん，今日もがんばりましょうね。

患者：動かさないと，動かなくなるからね。しかたねいよな，ま，がんばるさ。

▶考えてみよう 介護してもよい相手の具体像は？

Ⅳ-7　福祉におけるボランティアの位置づけ

　自発的な意志により，他人や社会に貢献する行為をボランティア活動と呼ぶ。また，そのような活動をする人のことをボランティアと呼ぶこともある。一般的には，自発性，無償性，利他性などがボランティアの特徴であるが，交通費や食費などの実費程度の一定の謝礼を受ける有償のボランティアも，社会的には広く受け入れられている。

　右の図が示すとおり，ボランティアの活動分野の主たるものは，「高齢者の福祉活動」と「障がい者の福祉活動」となっている。上述の利他性ということばは，自己の損失を顧みずに他者の利益を優先して，困っている人を支援するという内容をさしている。高齢者や障がい者の多くが他人の助けや支援を必要としているのは，そのとおりである。ただ，多くの場合，その支援は一時的なものであってはいけない。ボランティアは，通常，それを日常の仕事としていないわけなので，自分にとって優先順位の高いことが起こったとき，あるいは，自分の生活でどうしても時間が取れなくなったときに，その行為が突然中断されてしまうことが少なくない。日常的恒常的に必要な作業に関しては，ボランティアの活動を期待することには，疑問の余地がある。

　一方，右の図では，8位のランクにとどまっている「災害時のボランティア活動」は，日常的には必要とされることではない。むしろ突発的な災害時に，通常の体制では処理しきれないさまざまな問題に，多くの人がかかわる必要性が生じ，一時的に多くの人たちが自分の生活リズムから外れて，他者を支援しようとすることが，その特徴であると考えられる。日本では，1995年に阪神・淡路大震災が発生し，延べ100万人以上のボランティアが，全国から駆けつけたといわれている。そして，その年，災害対策基本法の改正では，「ボランティア」という用語が，日本の法律に初めて明記された。

　災害ボランティアも，広い意味では福祉ボランティアではあるが，日常的に高齢者や障がい者を支援するボランティアとは性質を大きく異にする。ボランティアがいなければ，困る人がいるからボランティアが存在するのであるが，日常的な支援が必要な人たちには，社会の制度としての支援が不可欠である。

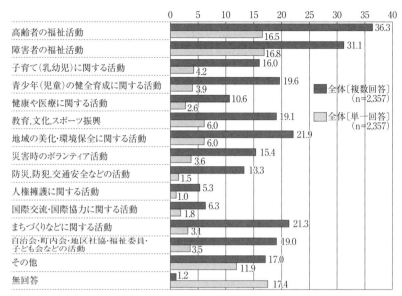

図Ⅳ-5 全国社会福祉協議会の調査に基づく，ボランティアの活動分野

▶800万人を超えると推定されるボランティアの活動分野の範囲は，2010年の時点で，「高齢者の福祉活動」と「障がい者の福祉活動」が，その上位を占め，（重複回答を許す調査において）いずれも3割を超えている。

（全国社会福祉協議会「全国ボランティア活動調査報告書」 https://www.zcwvc.net/，参照2017-05-18）

▶**考えてみよう** 体験したボランティアは何がありますか？

Ⅳ-8　介護ロボットとコミュニケーション

　介護は，親しい人への愛情と優しさのみでできるものではない。肉体的な労働や精神的な忍耐が必要なことは言うまでもない。このような作業は，果たして人間にしかできないのであろうか。

　現在，老人ホームやデイサービスなどの介護施設において，介護ロボットが実際に導入されるケースが増加している。そのようなロボットのなかには，人間の音声言語を理解して，それに適切に反応する対話システムが組み込まれた介護ロボットも存在する。高齢者の福祉施設などで，人間が行うすべての業務が介護ロボットに取って代わられることがないとしても，少なくともその部分的な業務は介護ロボットが，その役割を果たし，介護スタッフの精神的，あるいは肉体的業務負担を減らすことが可能となる。

　介護ロボットには，人間でないからできるメリットも有している。たとえば，入浴介護を好まない高齢者がいた場合，あるいは，特定の介護スタッフにしか，そのような介護を依頼できない高齢者がいた場合，感情的にニュートラルで，人間に恥ずかしいという気持ちを与えない介護ロボットは，非常に有用な可能性がある。

　産業ロボットが特定の限定された仕事をする目的をもっているのに対して，人型の介護ロボットは，単に肉体労働を提供するだけでなく，高齢者の意思を確認しながら，あるいは，適切なことばかけをしながら，業務を遂行することが求められる。

　また，右のページに示した写真のように，介護スタッフを物理的に補助し，支援する装着型ロボットでは，介護スタッフの肉体的な労働の負担を低減し，なおかつ，生身の人間が高齢者に接することを可能にしている。

　さらに，コミュニケーションするだけなら，人型ロボットである必要は必ずしもない。個人の予定を音声で教えてくれたり，忘れていることを音声で警告してくれたりする情報機器は，すでに実用化されている。また，ベットのような動きをする動物の形をまねたロボットの需要が高まることも，今後予想されることである。

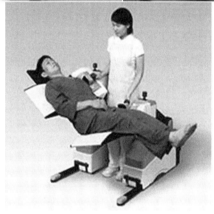

図Ⅳ-6　人型の介護ロボットとロボットスーツ
▶左上の写真は人型の介護ロボット，右上の写真はロボットスーツと呼ばれる介護者が装着して，体への負担を軽減する装置。さらに，左下の写真は，トランスファーロボットと呼ばれる，抱き上げや移乗作業を介護者が容易に行えるように工夫された装置。
（公益社団法人かながわ福祉サービス振興会「介護ロボット普及推進事業」http://www.kaigo-robot-kanafuku.jp/category/1438992.html，参照2017-12-01）

▶**考えてみよう**　ロボットがヒト型であることの必要性を考えてみよう。

Ⅳ-9　家族による介護とその問題

　高齢者が高齢者の介護をする老老介護。家族愛の具体例としても報道されることがある反面，介護や看護の負担や疲れによる殺人や虐待の事件は，悲しくも後を絶たない。

　湯原（2011）によると，日本では2006年度以降，厚生労働省により高齢者の「虐待等による死亡例」が調査されるようになったとされている。これらの調査によれば，親族による介護をめぐって発生した高齢者の殺害や心中の事件が顕著に減少したという傾向は見られないという。

　このような事件を防止するためには，介護される者に加え，介護する者へも支援を行うことが，非常に重要だといえる。とりわけ，いわゆる老老介護の場合，介護する側にも腰痛などの持病があったり，大きな心理的ストレスを抱えたりしているケースが少なくない。介護する側が複数の場合は，介護以外の自分の時間を楽しんだり，その心理的ストレスを低減させたりすることも可能である。しかし，たとえば介護のために仕事を辞め，社会から孤立して，家族の世話をしている場合は，終わりがないように感じられる繰り返しの介護が，ただただ介護する者を苦しめることになる。

　最近では，送迎つきのデイケアの介護サービスなども，条件が整えば利用可能であり，入浴介護や食事介護のみならず，運動機能回復のためのリハビリの訓練や，口腔内のケア，理容など専門職のサービスが受けられる可能性もある。家族の介護は家族の責任などと考えるのではなく，各種の福祉サービスを適切に受けられるような介護者支援システムの構築，法基盤の整備が待ち望まれる。

　右ページの図Ⅳ-7では，同居者が家族を介護する場合の，続柄についての近年の変化を示している。介護する女性の割合が，従来と比べて減少したことが示されている。なお，厚生労働省は，現在，フィリピン，インドネシア，ベトナムからの介護士を介護福祉士として受け入れる検討を行っている。

▶**考えてみよう**　家族を介護することの是非。

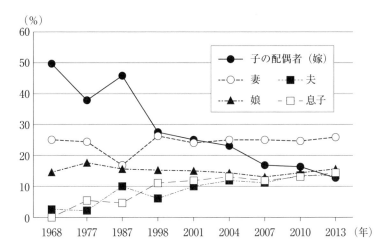

図Ⅳ-7　同居の主たる介護者の続柄別年次推移

（国民生活センター「国民生活　介護者支援を考える第1回　津止正敏　家族介護者の現状と課題」（2015年1月号）　http://www.kokusen.go.jp/wko/pdf/wko-201501_05.pdf，参照2018-01-05）

Ⅳ-10　家族の崩壊と福祉

　一人暮らしの人が，自分の家やその周辺で，突発的な疾病や老衰などにより，誰にも看取られずに，その人生を終えることを孤独死と呼ぶ。正式な統計データはないものの，年間の日本での孤独死に該当するケースは，2万件とも2万5千件ともいわれている。

　多様化する社会には，さまざまな形態の家族がいる。結婚して子どもを育てる家族，法的な関係を結ばないままで同居する家族，里親制度を利用して，新たな人間関係を築きながら生活する家族，子どもたちが独立して，残された者だけが生計を共にする家族。親から独立した後は，家族と同居せずに，ずっと一人で生活している人。世の中には，さまざまな生活の実態がある。

　大家族制度を過去のものとしてとらえ，多くの人たちが核家族を良いとしてきた現代社会の日本においては，いずれ時間とともに家族の誰かが死を迎え，一人暮らしを多くの人たちが経験することになる。高齢化社会になった今，加齢とともに一人暮らしの生活は，身体的にも精神的にも困難な場面を迎えることが珍しくはない。

　孤独死は，過疎の地域の問題だけではない。都市部においては，隣人との人間関係も希薄で，毎日顔を合わせて挨拶することもないような状況は少なくない。かりに，その家のなかで，助けも呼べずに倒れていた人がいたとしても，隣人が何か月も気づかずにいる事態は，不思議な現象とも言い切れない。

　また，阪神・淡路大震災や東日本大震災などの大規模な災害ののちに設置された，いわゆる被災者の仮設住宅においても，同様のケースが数多く報告されている。多くの人がそれまでの生活を捨て，住み慣れない仮設住宅に，他に住まいの選択肢もなく，自分の意思によらずに移り住んできた人たちにとって，急にできあがった人工的な地域に，人間関係が豊かなコミュニティは，築き上げにくい。仮設住宅のある人工的なコミュニティにおいては，一時的な住まいと位置づけられているために，多くの人たちが集まる商業施設，さらには娯楽施設や入浴施設などを設置することが困難であるなどの事実も，問題をより深刻にしているともいえる。

仮設住宅や災害復興住宅における孤独死

　東日本大震災で大被害が出た岩手，宮城，福島３県で，仮設住宅や災害復興公営住宅で高齢者の孤独死が相次いでいる。仮設住宅に空室が増え，周囲の目が行き届かなくなっていることや，災害復興公営住宅で近所との交流が希薄になっていることが原因とみられる。(本文一部省略)

　被災３県によると，３県のプレハブ仮設住宅には１月末現在で約５万9000人が生活している。仮設住宅で見つかった孤独死の認定数は，岩手県が32人，宮城県が85人。福島県は集計していない。岩手，宮城，福島の３県警は2015年末までに200人近い孤独死を確認した。その数は年ごとに増加しており，2015年は１年間で49人を数えた。このほか，岩手県は災害復興公営住宅で５人が孤独死したと集計している。

　プレハブ仮設住宅の入居戸数は公営復興災害住宅への転居が進み，最大時の約半分に減った。空室率も４割以上となっている。空室が増えれば，独り暮らしの高齢者に対し，周囲の目が行き届きにくくなる。

　災害復興公営住宅では，地域コミュニティを最初から築かなければならず，人間関係が希薄になりがちだ。仮設のように外から簡単に気配をうかがうことも難しい。その結果，高齢者の異変に気づくのが，余計に大変だといわれている。

　仮設住宅や災害復興公営住宅を抱える自治体は，生活支援相談員らが巡回している。岩手県陸前高田市では，19人の相談員が曜日を決めて仮設住宅や災害復興公営住宅を回り，独り暮らしの高齢者を見守り，話し相手になっている。

　しかし，すべての高齢者に十分，目を配ることは難しい。自治会の役員やボランティアらによる善意の声かけにも限界がある。陸前高田市社会福祉協議会は「災害復興公営住宅へ移る人が増え，守備範囲が広くなった。これからがさらに大変になりそうだ」とみている。

(ZUUonline「『地方創生』の現場から」(2016/05/16) より抜粋。https://zuuonline.com/archives/106920，参照2017-12-01)

▶**考えてみよう**　孤独死の可能性は自分にあるだろうか？

Ⅳ-11　万人向け規格のユニバーサルデザイン

　ユニバーサルデザインとは，個人が有する文化や言語，国籍などにかかわらず，また，年齢や性別，障害の有無にかかわらず，多くの人たちが便利に利用することができる施設や製品，情報などのデザインをさす用語である。

　たとえば，障がい者用トイレは，障がいがない人たちでも利用することが可能である。しかも，幼い子どもを同伴しているときや，手荷物が多いときなどは，一般のトイレに比べて広めのスペースが確保されているため利便性が高い。最近では，そのようなことから，障がい者用トイレと呼ばずに，多目的トイレと称していることが多い。

　また，幅の狭い改札口は，限られたスペースに多くのゲートを設ける必要から設置されているが，車いすの利用者や，大きなキャリーケースをもって移動する人たちにとっては，通り抜けにくい。したがって，少なくとも一つの改札口は，その幅を広いゲートを設置することが好ましい。

　身体の動きがゆっくりで，手先が細かな作業に向かない人の場合，たとえば，多くのボタンが付いている服は不向きである。また，靴の紐を結ぶことも難しい。そのようなときに，マジックテープを使うことにより，日常的にの身辺自立が促進されるケースも少なくない。

　さらに，特定の言語使用が難しい利用者にとっては，言語による案内よりも，イラストやピクトグラムでの説明や案内の方が，格段に理解されやすい。また多くの場合，言語によらず世界で広く使用されているアラビア数字は，何かの手続きの順序を示す場合だけでなく，駅名の固有名詞とともに併用すると，お気の位置の同定や認識することが容易となり利便性が向上する。

　このように，ちょっとした配慮をするだけで，誰にとっても，心理的なストレスをあまり感じずに，利用できることやものが増えると，私たちの生活は楽になると思われる。究極的には，多くのものがユニバーサルデザイン化されることが望ましいと思われる。すなわち，ユニバーサルデザインの考え方の背景には，いわゆる障がい者を特別扱いするのではなく，障がい者にとって便利なものは，多くの人たちにとっても便利であるという信念がある。

表Ⅳ-2　ユニバーサルデザインの七つの原則

七つの原則	具体例
1　公平性	自動ドア，エレベータ
2　自由度	左右の利き手に関係のなく使用できるハサミ
3　単純性	ピクトグラムを使用したゴミ箱
4　わかりやすさ	数字やイラストを使用した案内
5　安全性	ATMやパソコンなどでの取消ボタン
6　体への負担の少なさ	低床のノンステップバス
7　スペースの確保	幅の広い改札口

（岡山県「ももっちと見つけるユニバーサルデザイン」を参考に筆者が作成。http://www.pref. okayama.jp/uploaded/life/423856_2725185_misc.pdf，参照2019-01-05）

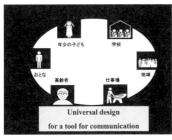

図Ⅳ-8　ユニバーサルデザインの
　　　　利用者
▶利用者や場所を選ばないで，誰でもどんなところでも使用できるのが，ユニバーサルデザインの特徴。

図Ⅳ-9　JR京都駅のホームに設置
　　　　されたゴミ箱
▶分別用のゴミ箱も，何をどこに捨てるかは，言語で表示するのではなく，イラストで表示し，なおかつ，投入口に工夫をすることで直感的な利用が可能となる。

▶考えてみよう　ユニバーサルデザインの欠点は何だろうか？

Ⅳ-12　高齢者の尊厳とコミュニケーション

　核家族で育った若者にとって，高齢者とのコミュニケーションは，容易なものではない。高齢者といっても，特定の年齢以上の人たちをひとくくりにはできない。たとえば，社会の第一線でいまだに活躍している人もいれば，介護が必要な人たちも少なくない。しかし，彼らに共通していることは，多くの人生経験をして，さまざまな想いを有しているという点である。

　右のページの図は，一生涯を通しての自尊感情の変化を図にしたものである。自尊感情とは，個人の自己に対する総合的な肯定的評価である。そのピークは，人生で二度体験することが，この図から読み取れる。一度目は小学校高学年の頃であり，二度目は60代のいずれからの時期である。

　人間は加齢とともに，記憶力や情報処理能力が低下し，運動機能や感覚機能も低下する。しかし，それまでに手に入れた社会的地位や，人脈的なつながりの多さは，多くの若者とは比べ物にならないほどのものがある場合が少なくない。つまり，認知的には加齢とともに劣ってくるのに対して，自尊感情は，むしろ青年期に比べて高い状態であることが多い。また，そのほかの感情も豊かに保たれていることが多い。

　したがって，彼らとコミュニケーションをとるうえでの重要なことは，彼らの自尊心を傷つけないこと，彼らの人間としての尊厳を大切にすることだといえる。具体的には，「おじいちゃん」「おばあちゃん」という呼びかけは使わず，できるだけ名前を呼ぶというような配慮，敬語を使うだけでなく，相手をいたわる行動や，相手の意思を尊重する態度を示すことが重要である。彼らとかかわるときに，明るく笑顔ではっきりした口調で接するという行為などは，とりわけ推奨されることでもある。

　明らかに認知症の症状がある場合には，指さしや絵や写真，視覚シンボルを併用しながら，併用しながら，「お茶にしますか，それとも，コーヒーがいいですか？」のように，選択肢を提示しながら話すことも，円滑なコミュニケーションをとるうえでは重要な配慮である。押しつけにならない，相手の気持ちを尊重する態度が求められる。

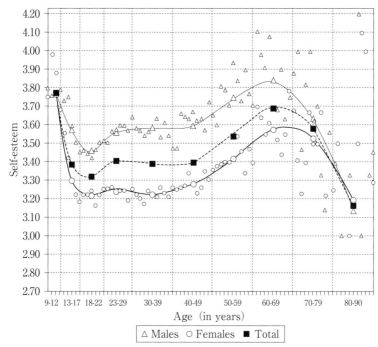

図Ⅳ-10　一生涯を通しての自尊感情の変化

▶ Coleman & O'Hanlon（2016）は，ここで示されている自尊感情の変化がたどる軌跡は，記憶力などの認知機能の変化とは，かなり異なる軌跡を示すと論じている。

▶**考えてみよう**　若者の自尊心が低い理由は？

Ⅳ-13　高齢者の回想的記憶

　著者ら（Kawasaki, Janssen, and Inoue, 2011）は，252名の日本人を対象にして，人生のどの時期に起こった出来事を，私たちは思い出しやすいのかという過去の記憶についての質問紙調査を実施した。そこでは，10語の手がかりになる具体的な単語（時計，くつ，神社，ネコなど）が提示され，その一つ一つについて，最初に浮かんだ個人的な出来事を記述するように求めた。この実験はいわゆる単語の連想ではなく，具体的な出来事を回想することが求められる。その後で，それらの出来事がいつ起こったことなのかについても質問される。この調査の結果からは，右のページの折れ線グラフで示されるように，10代をピークに学齢期の出来事を想起することが多いことが示された。

　この調査は，高齢者を対象にしたものではないが，ほとんどの世代で若い時期の出来事が良く想起されるという結果を示している。この現象は，レミニッサンス・バンプ（回想のおけるコブ）と呼ばれ，通常，10代と20代の若い頃の記憶が，人生の後半においても，よく思い起こされることを示している。おそらくは，思春期や青年期に，人間はさまざまな人生での大きな出来事を経験し，アイデンティティが形成されていく過程において経験された出来事は，その後の人生にも大きな影響を与えるためだと思われる。

　直前に経験した出来事についての短期の記憶は，すぐに失われるようになっても，若い頃に経験した昔の長期の記憶は，非常に鮮明に思い出されることすら少なくない。

　野村（2009）は，80歳前後の高齢者を対象に，週に1回30分から1時間程度の6回の面談実施して，比較的自由に人生を振り返ってもらう回想法を行った。その結果，回想法による面談を受けた高齢者は，そのような面接を経験することによって自尊感情が高められること，さらに，過去を再評価する傾向が強い人ほど，回想法に参加するとことで自尊感情が増加することなどが示された。

　おそらくは，過去の否定的な出来事であっても，そのことにプラスの評価を与える意味づけが，高齢者にとっては重要であると言えるのであろう。

(a)

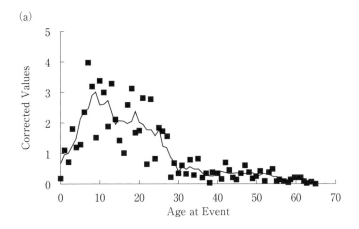

(b)

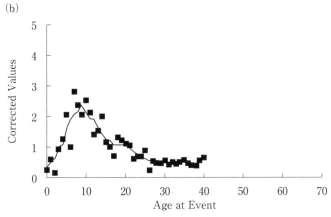

図Ⅳ-11　回想されたエピソードが起こった時期（実験参加者の当時の年齢）とその頻度との関係（Kawasaki, Janssen, and Inoue, 2011）

▶上の図(a)は45歳以上の中年層の反応。下の図(b)は，それ以下の若年層の反応。いずれも学齢期に起こった出来事を回想することが多いことが示されている。

▶**考えてみよう**　高齢者が，昔の話をしたがる理由は？

Ⅳ-14　高齢者と認知症

　65歳以上の高齢者において，認知症の人の占める割合は10％以下であるのが，80歳以上になれば，その数値が20％以上になるといわれている（鈴木，2012）。認知症は，脳の器質的な障害が原因の病気であるが，それは，ある日，突然訪れるものでない。テレビを見ていて，そこに出ているタレントの名前が思い出せない，必要な物を取りに行こうと二階に上がったが，何を取りに来たのか忘れてしまう。このようなことは，若いうちにでも一般の人に起こり得る現象と言える。つまり，多くの場合，不都合は一時的な軽微なものであり，日常生活を極端に難しくするものではないケースが多い。ところが，このような不都合な頻繁に起こり，周囲の人とのコミュニケーションも難しくなるような程度の症状となると，そこには何らかの対応が必要とされる。

　表Ⅳ-3は，認知症と判断される四つの基準を表にしたものである。脳の萎縮や脳卒中・脳血管の障害などが，その主要な原因と考えられている。ただし認知症は疾患名ではなく，正常時と比べて著しい認知機能の低下や，日常生活において，大きな困難が伴うような一連の症状に対して命名されている名称といえる。たとえば，アルツハイマー病は，認知症を引き起こす一つの疾患である。

　そのアルツハイマー病を若い時期に患い，認知症の状態を経験したクリスティーン・ブライデン（Christine Bryden）というオーストラリア人女性は，さまざまな国際会議などのイベントで講演し，その内容はラジオなどでも広く放送された。表Ⅳ-4は，彼女が語った自らの症状を三つのカテゴリーに分類してまとめたものである。

　脳障害が原因で起こることの認知症は，したがって，高齢者だけが発症するものではなく，若い人にも突然起こる可能性がある。他人事と理解するのではなく，自分にも突然起こる可能性があることを認識して，そのようなときに，どのような支援を受ければ，精神的には楽になるのか，あるいは，どのような工夫をすれば，日常生活を大きな問題なくおくることができるのかについて，日ごろから考えておく必要があるように思える。

表Ⅳ-3　認知症の判断基準

(1)　原因が病気による脳の変化である
(2)　記憶などの知的な働きが低下している
(3)　日常生活や，仕事などの社会生活がうまくおくれない
(4)　意識障害がない

（鈴木（2012）の記述をもとに，筆者が表を作成）

表Ⅳ-4　認知症の人の主観的体験（鈴木，2012を一部改編）

(1)　**恐怖**：自分自身であり続けることへの危機感
　・友だちや家族もわからなくなるのかという恐怖
　・友だちや家族は，病気の前の私がどのような人間だったのかを忘れてしまうのではないかという恐怖
　・いつどのように機能が低下して行くのかがまったくわからない恐怖
　・最後にはどんな人間になって死を迎えるのかという恐怖
(2)　**不安**：日常生活で感じる困難さ
　・頭に霧がかかっているようで，すぐに混乱し疲れ果てる
　・話す際に，頭のなかでことばを見つけ出すことが難しい
　・記憶の不確かさは日や時間によって異なり，日常が断片化する
　・物や人の名前が思い出せず，ことばの意味もすぐに理解できなくなる
　・何かしなければならないことがあるのに，それが何なのか思い出せない
(3)　**ストレス**：感覚の変化
　・騒がしい場所では，選択的に音が聞き分けられない
　・何の音なのか，どこから聞こえてくるのか判断できない
　・刺激の多い場所では，周辺視野が狭くなる
　・平衡感覚が乱れ，世界がグラグラした場所に感じることがある
　・頭のスイッチが切れば，24時間の感覚が乱れる

▶**考えてみよう**　忘れないようにするコツは何か？

Ⅳ-15　現代の多様なライフスタイル

　一生涯の発達の理論を示したエリクソンは，人生を八つに区切った各段階には，右の図に示すようなそれぞれの発達課題があるとした（Erikson, E.H., 1963）。しかし，現代では，彼の発達理論は，すべての人たちにあてはまるとは考えにくい。たとえば，結婚や子育てをしない人生を選択する人たちや，死ぬ間際まで仕事に没頭する人たち，生産的な活動とはほとんど無縁な生活を送る人たちなど，人間の生き方はじつに多様である。さらに，かつてより平均寿命が長くなったこともあり，人生を振り返り，いわゆる自我の統合をし終えた高齢者が，その後，そのままの自分ではいられなくなり，幸せを感じることができない状況に陥ることも珍しくはない。

　高齢者に共通することは，それまで長い人生を経験し，それぞれの生活の場において，そこで獲得した知識を蓄積していることである。しかし，身体的には，運動面でも感覚面でもその能力は低下していき，認知面においても，記憶をはじめさまざまな情報処理の能力が低下していくのが普通である。つまり，人間は，何もかも最高の状態で，人生を終えることは難しいのである。問題は，加齢に伴うさまざまな制約を自然なものとして受け入れ，自分で納得のできる社会との関係とその肯定的な認識や心理的な安定を得ることでもある。

　冨澤・Takahashi（2010）は，75歳以上の超高齢期にいる調査対象者は，高齢期の調査対象者と比べて，身体的機能は低下するものの，生活満足度や地域愛着度などの心理的適応が高いという結果を示している。さらに，「ものやお金に興味がなくなった」や「表面的な付き合いに関心がなくなった」などの項目で構成される「執着超越」因子の得点が，超高齢期にいる調査対象者においては，高い値が示されることが明らかにされた。

　これらは，老年的超越の具体例とも考えられるものである。それは，若い世代に有していた個人の価値観とは，場合によっては逆の価値ともなり，自分にとっての真の幸福を意味するものでもある。

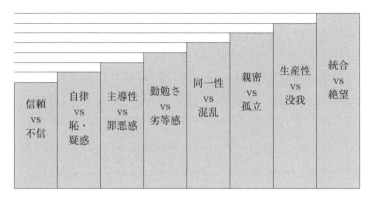

第1段階 第2段階 第3段階 第4段階 第5段階 第6段階 第7段階 第8段階

図IV-12　社会性の発達を説いたエリクソンの古典的な発達段階説

■エリクソンによると，最後の段階にあたる老年期には，ヒトは，それまでに得た知識をもとに，その人生を振り返り，それぞれに意味づけをして，自我の統合をおこなうことがその目標となる。それに成功した者は，恐怖を感じることなく死を受け入れることができるが，それができない者は，意気消沈し絶望に陥ると説く。彼のパートナーであったジョウン・エリクソンは，彼の死後，彼の発達段階説に，超高齢期にあたる第9段階を追加した（Erikson & Erikson, 1997）。そして，そこでは，これまでの8段階すべての発達課題を同時にクリアする必要性とともに，老年的超越という発達課題を提示した。

▶**考えてみよう**　発達段階の取戻しは可能だろうか？

おわりに

　樹村房の現社長，大塚氏と私が初めてお会いしたのは，2005年だったと記憶しています。そのときに，他の出版社から単著で出していた『福祉の心理学』という拙書を，大塚氏が熟読され，樹村房からも，少し異なる本を出すようにという，嬉しいお話を，その日のうちにいだたきました。研究者にとっては，本が出せるということは，なかなか願ってもないことなのです。

　そのようなことがあり，樹村房からは，教職課程に関わる本を，すでに3冊出版させていただいています。2007年には『教育の方法：心理学をいかした指導のポイント』，2011年には『発達と教育：心理学をいかした指導・援助のポイント』，そして，2016年には『教育の原理：歴史・哲学・心理からのアプローチ』の書物です。いずれも教育の重要な内容が詰まったものとなっています。

　その副題から明らかなように，最初の2冊は，領域が微妙に異なるそれぞれ3名の心理学者が執筆しました。すなわち，心理学の視点から教育方法をとらえたもの，そして，心理学の知見を紹介しながら，発達と教育の問題を論じたものとなっています。大学における教職課程で設置されている，たとえば，「教育方法論」や「教育方法学」，あるいは，「発達と学習の心理学」あるいは，「教育心理学」などの科目は，一般的には心理学が専門の研究者が担当することになります。

　3冊目の『教育の原理』は，日本教育史，西洋教育哲学，教育心理学と専門が異なる3名の研究者が，教育の理念，ならびに教育のおける歴史および思想に関する74のトピックを，バラエティ豊かに執筆しました。こちらの執筆者3名は，初版発刊当時，同志社大学で「教育原理」という科目をオムニバス形式で担当していました。3名が展開する授業のなかには，いずれかの一人が単独に講義をする時間の他に，複数回3名全員がそろって，受講生とともに議論する時間が設定されています。つまり，教育という広範囲な領域を，さまざまな角度から議論するということがそこでは実践されていたのです。

　さて，この本『特別の教育的ニーズがある子どもの理解：介護等体験でも役立つ知識と技能』は，特別支援の豊富な実践経験をもった研究者である中瀬氏

と，教育心理学を専門にする井上が執筆しました。こちらの本の最後のⅣ部には「福祉の教育と人間の感情」というタイトルが付けられています。これについて，多少の説明をさせてもらいます。

　特別支援教育と福祉教育は，切っても切れない関係にあります。特別の教育的ニーズをもつ子どもたちは，いわゆる社会的弱者ととらえることが可能です。放っておかれると教育の場においても不利益を受ける子どもたちです。たとえば，日本語が十分使用できない子どもたちが，なんら支援もなしで，一般の子どもたちと一緒に学校で授業をうけると，どのようなことが起こるでしょうか。日本語で書かれた教科書の内容がわからないだけではなく，教師が話す内容もほとんど理解できません。日本語ができないことから生じる問題は，彼らの自己責任ではなく，適切な支援がなされないことから生じる不利益なのです。子どもが自己の言語を使用する権利を有していることは，子どもの権利条約からも明らかです。しかし，そのような権利を保障するためには，福祉の考え方が不可欠なのです。

　また，Ⅳ部では，高齢者の認知や介護の問題なども扱っています。高齢者のなかには，裕福で健康面でも問題のない人たちが少なくないものの，やはり，その多くは社会的弱者です。適切な支援が与えられずに，放っておかれると，生命の危機すら迫ってくるような状況にいるお年寄りも決して少なくあません。ここでも，福祉の考え方を理解しておくことが必要になります。

　小学校や中学校の教員免許状を取得する人たちには，介護等体験という実習が課されており，特別支援学校や，さまざまな施設に行くことになります。その施設には，高齢者の介護施設なども含まれます。最近では，核家族で育つ実習生が多いため，高齢者にどのようにかかわってよいのかがわからない人たちも少なくないと聞きます。本書では，そのような介護等体験実習に行く前に，知識として持ち合わせておいた方が良いようなトピックを，このⅣ部で記述しています。

　本書と前述の3冊を合わせた4冊は，教育の重要な内容を扱った，いわば教職課程のテキストのシリーズです。ぜひお手もとにお揃えください。

　2024年1月

井上　智義

引用・参考文献 (洋書：著者のアルファベット順，和書：著者の五十音順)

Ⅰ部

Drotar, D., Baskiewicz, A., Irvin, N., Kennell, J., & Klaus, M. 1975 The adaptation of parents to the birth of an' infant with a con-genital malformation :A hypothetical model. Pe-diatrics, 56（5），710–717.

高橋信雄「聴覚障害学」石合純夫編著『言語聴覚障害学：基礎・臨床』新興医学出版社，2001，pp.326–327.（Karen L. Anderson & Noel D. Matkin（1991），大沼直紀訳（1997）を高橋信雄が改変）

綾屋紗月・熊谷晋一郎『発達障害者当事者研究』医学書院，2008.

小川征利「きこえの困難さ検出用チェックリストを用いた難聴とASDの比較」教育オーディオロジー研究，Vol. 9 , 13-17, 2015.

小渕千絵・原島恒夫編著『APDの理解と支援』学苑社，2016.

香川邦生編『五訂版 視覚障害教育に携わる方のために』慶應義塾大学出版会，2016.

山口真美『発達障害の素顔 脳の発達と視覚形成からのアプローチ』講談社（ブルーバックス），2016.

Ⅱ部

綾屋紗月・熊谷晋一郎『発達障害者当事者研究』医学書院，2008.

小田侯朗「障害認識をめぐる研究の意義と本研究の位置づけ」国立特別支援教育総合研究所『聴覚障害児の障害認識と社会参加に関する研究』一般研究報告書（平成13年度〜平成15年度）2004.

香川邦生編著『五訂版 視覚障害教育に携わる方のために』慶應義塾大学出版会，2016.

国土交通省「ハイブリッド車等の静音性に関する対策について（報告）とガイドライン」2010.

千住淳『自閉症スペクトラムとは何か−人の「関わり」の謎に挑む』筑摩書房（ちくま新書），2014.

徳田克己・水野智美『障害理解 心のバリアフリーの理論と実践』誠信書房，2005.

中邑賢龍・福島智編『バリアフリー・コンフリクト 争われる身体と共生のゆくえ』東京大学出版会，2012.

難波寿和『14歳からの発達障害サバイバルブック』学苑社，2016.

濱田豊彦「聾学校の自立活動における諸問題（2）—「障害認識」と「社会性」を中心に」聾教育研究会，聴覚障害，60（5），43-48，2005.

水野智美編著『はじめよう！ 障がい理解教育』図書文化社，2016

Ⅲ部

Fujisawa, K., Inoue,T., Yamana,Y., & Hayashi, H. The effect of animation on learning action symbols by individuals with intellectual disabilities. *Augmentative and Alternative Communication*, 27, pp.53–60, 2011.

Shaules, J. *Deep culture: The hidden challenges of global living*（*Languages for intercultural communication and education*）. Multilingual Matters, 2007

井上智義・加藤茂「絵単語によるコミュニケーション・ツールソフトの開発：日本版 PIC 電子辞書の構成とその活用方法」信学技報 HCS, pp. 37–44, 1997.

井上智義『異文化との出会い！　子どもの発達と心理：国際理解教育の視点から』ブレーン出版, 2002.

井上智義「日本におけるピクトグラムの活用とその方法」電子情報通信学会誌, 97（12）, 1055–1059, 2014.

清水寛之編『視覚シンボルの心理学』ブレーン出版, 2003.

藤澤和子・井上智義・清水寛之・高橋雅延『視覚シンボルによるコミュニケーション：日本版 PIC 実践用具』ブレーン出版, 1995.

藤澤和子編『視覚シンボルでコミュニケーション：日本版 PIC 活用編』ブレーン出版, 2001.

マハラージ ,S. C. 高橋雅延・井上智義・清水寛之・藤澤和子訳『視覚シンボルによるコミュニケーション：ピクトグラム・イディオグラム・コミュニケーション』ブレーン出版, 1995.

Ⅳ部

Coleman, P.G. and O'Hanlon, A. *Aging and development*. London: Routledge, 2016.

Erikson, E. H.（Ed.）*Youth: Change and challenge*. Basic books, 1963.

Erikson, E. H. & Erikson, J. M. *The Life Cycle Completed; A Review*（*Expanded Edition*）. New York: Norton & Company, 1997.

Kawasaki,Y., Janssen,S., and Inoue,T. Temporal distribution of autobiographical memory: Uncovering the reminiscence bump in Japanese young and middle-aged adults. *The Japanese Psychological Research*, 53, 1 , 86–96, 2011.

Zastrow, C. *Introduction to social work and social welfare: Empowering people*. Boston: Cengage Learning, 2017.

井上智義『福祉の心理学』サイエンス社, 2004.

上野谷加代子・松端克文・山縣文治『よくわかる地域福祉』ミネルヴァ書房, 2012.

佐藤嘉倫・吉田崇「貧困の世代間連鎖の実証的研究：所得移動の観点から」日本労働研究雑誌, 49, 75–83, 2007.

鈴木亮子「認知症を抱える人と家族」山口智子編『老いのこころと寄り添うこころ：介護職・対人援助触のための心理学』遠海書房, 2012.

冨澤公子・Takahashi, M.「奄美群島調高齢者の「老年的超越（Gerotranscendence）」

　　形成に関する検討：高齢者ライフサイクル第8段階と第9段階の比較」立命館産業
　　社会論集，46，1，87-103，2010.
野村信威「地域在住高齢者に対する個人回想法の自尊感情への効果の検討」心理学研
　　究，80，1，42-47，2009.
湯原悦子「介護殺人の現状から見出せる介護者支援の課題」日本福祉大学社会福祉論
　　集，125，41-65，2011.

資　料

［資料 1］

障害者の権利に関する条約（抄）

（2014.1.20公布，日本政府公定訳）

第一条　目的

この条約は，全ての障害者によるあらゆる人権及び基本的自由の完全かつ平等な享有を促進し，保護し，及び確保すること並びに障害者の固有の尊厳の尊重を促進することを目的とする。

障害者には，長期的な身体的，精神的，知的又は感覚的な機能障害であって，様々な障壁との相互作用により他の者との平等を基礎として社会に完全かつ効果的に参加することを妨げ得るものを有する者を含む。

第二条　定義

この条約の適用上，

「意思疎通」とは，言語，文字の表示，点字，触覚を使った意思疎通，拡大文字，利用しやすいマルチメディア並びに筆記，音声，平易な言葉，朗読その他の補助的及び代替的な意思疎通の形態，手段及び様式（利用しやすい情報通信機器を含む。）をいう。

「言語」とは，音声言語及び手話その他の形態の非音声言語をいう。

「障害に基づく差別」とは，障害に基づくあらゆる区別，排除又は制限であって，政治的，経済的，社会的，文化的，市民的その他のあらゆる分野において，他の者との平等を基礎として全ての人権及び基本的自由を認識し，享有し，又は行使することを害し，又は妨げる目的又は効果を有するものをいう。障害に基づく差別には，あらゆる形態の差別（合理的配慮の否定を含む。）を含む。

「合理的配慮」とは，障害者が他の者との平等を基礎として全ての人権及び基本的自由を享有し，又は行使することを確保するための必要かつ適当な変更及び調整であって，特定の場合において必要とされるものであり，かつ，均衡を失した又は過度の負担を課さな

いものをいう。

「ユニバーサルデザイン」とは，調整又は特別な設計を必要とすることなく，最大限可能な範囲で全ての人が使用することのできる製品，環境，計画及びサービスの設計をいう。ユニバーサルデザインは，特定の障害者の集団のための補装具が必要な場合には，これを排除するものではない。

第二十四条　教育

1　締約国は，教育についての障害者の権利を認める。締約国は，この権利を差別なしに，かつ，機会の均等を基礎として実現するため，障害者を包容するあらゆる段階の教育制度及び生涯学習を確保する。当該教育制度及び生涯学習は，次のことを目的とする。

(a)　人間の潜在能力並びに尊厳及び自己の価値についての意識を十分に発達させ，並びに人権，基本的自由及び人間の多様性の尊重を強化すること。

(b)　障害者が，その人格，才能及び創造力並びに精神的及び身体的な能力をその可能な最大限度まで発達させること。

(c)　障害者が自由な社会に効果的に参加することを可能とすること。

2　締約国は，1の権利の実現に当たり，次のことを確保する。

(a)　障害者が障害に基づいて一般的な教育制度から排除されないこと及び障害のある児童が障害に基づいて無償のかつ義務的な初等教育から又は中等教育から排除されないこと。

(b)　障害者が，他の者との平等を基礎として，自己の生活する地域社会において，障害者を包容し，質が高く，かつ，無償の初等教育を享受することができること

資料1

及び中等教育を享受することができること。
(c) 個人に必要とされる合理的配慮が提供されること。
(d) 障害者が，その効果的な教育を容易にするために必要な支援を一般的な教育制度の下で受けること。
(e) 学問的及び社会的な発達を最大にする環境において，完全な包容という目標に合致する効果的で個別化された支援措置がとられること。
3 締約国は，障害者が教育に完全かつ平等に参加し，及び地域社会の構成員として完全かつ平等に参加することを容易にするため，障害者が生活する上での技能及び社会的な発達のための技能を習得することを可能とする。このため，締約国は，次のことを含む適当な措置をとる。
(a) 点字，代替的な文字，意思疎通の補助的及び代替的な形態，手段及び様式並びに定位及び移動のための技能の習得並びに障害者相互による支援及び助言を容易にすること。
(b) 手話の習得及び聾社会の言語的な同一性の促進を容易にすること。

(c) 盲人，聾者又は盲聾者（特に盲人，聾者又は盲聾者である児童）の教育が，その個人にとって最も適当な言語並びに意思疎通の形態及び手段で，かつ，学問的及び社会的な発達を最大にする環境において行われることを確保すること。
4 締約国は，1の権利の実現の確保を助長することを目的として，手話又は点字について能力を有する教員（障害のある教員を含む。）を雇用し，並びに教育に従事する専門家及び職員（教育のいずれの段階において従事するかを問わない。）に対する研修を行うための適当な措置をとる。この研修には，障害についての意識の向上を組み入れ，また，適当な意思疎通の補助的及び代替的な形態，手段及び様式の使用並びに障害者を支援するための教育技法及び教材の使用を組み入れるものとする。
5 締約国は，障害者が，差別なしに，かつ，他の者との平等を基礎として，一般的な高等教育，職業訓練，成人教育及び生涯学習を享受することができることを確保する。このため，締約国は，合理的配慮が障害者に提供されることを確保する。

資料

[資料2]

障害者基本法（抄）

（昭和45.5.21　法律第84号）
（改正　平成25.6.26　法律第65号）

第一章　総則

（目的）

第一条　この法律は，全ての国民が，障害の有無にかかわらず，等しく基本的人権を享有するかけがえのない個人として尊重されるものであるとの理念にのつとり，全ての国民が，障害の有無によつて分け隔てられることなく，相互に人格と個性を尊重し合いながら共生する社会を実現するため，障害者の自立及び社会参加の支援等のための施策に関し，基本原則を定め，及び国，地方公共団体等の責務を明らかにするとともに，障害者の自立及び社会参加の支援等のための施策の基本となる事項を定めること等により，障害者の自立及び社会参加の支援等のための施策を総合的かつ計画的に推進することを目的とする。

（定義）

第二条　この法律において，次の各号に掲げる用語の意義は，それぞれ当該各号に定めるところによる。

一　障害者　身体障害，知的障害，精神障害（発達障害を含む。）その他の心身の機能の障害（以下「障害」と総称する。）がある者であつて，障害及び社会的障壁により継続的に日常生活又は社会生活に相当な制限を受ける状態にあるものをいう。

二　社会的障壁　障害がある者にとつて日常生活又は社会生活を営む上で障壁となるような社会における事物，制度，慣行，観念その他一切のものをいう。

（地域社会における共生等）

第三条　第一条に規定する社会の実現は，全ての障害者が，障害者でない者と等しく，基本的人権を享有する個人としてその尊厳

が重んぜられ，その尊厳にふさわしい生活を保障される権利を有することを前提としつつ，次に掲げる事項を旨として図られなければならない。

一　全て障害者は，社会を構成する一員として社会，経済，文化その他あらゆる分野の活動に参加する機会が確保されること。

二　全て障害者は，可能な限り，どこで誰と生活するかについての選択の機会が確保され，地域社会において他の人々と共生することを妨げられないこと。

三　全て障害者は，可能な限り，言語（手話を含む。）その他の意思疎通のための手段についての選択の機会が確保されるとともに，情報の取得又は利用のための手段についての選択の機会の拡大が図られること。

（差別の禁止）

第四条　何人も，障害者に対して，障害を理由として，差別することその他の権利利益を侵害する行為をしてはならない。

2　社会的障壁の除去は，それを必要としている障害者が現に存し，かつ，その実施に伴う負担が過重でないときは，それを怠ることによつて前項の規定に違反することとならないよう，その実施について必要かつ合理的な配慮がされなければならない。

3　国は，第一項の規定に違反する行為の防止に関する啓発及び知識の普及を図るため，当該行為の防止を図るために必要となる情報の収集，整理及び提供を行うものとする。

（教育）

第十六条　国及び地方公共団体は，障害者が，その年齢及び能力に応じ，かつ，その

146

特性　を踏まえた十分な教育が受けられる
ようにするため，可能な限り障害者である
児童及び生徒が障害者でない児童及び生徒
と共に教育を受けられるよう配慮しつつ，
教育の内容及び方法の改善及び充実を図る
等必要な施策を講じなければならない。

2　国及び地方公共団体は，前項の目的を達
成するため，障害者である児童及び生徒並
びにその保護者に対し十分な情報の提供を
行うとともに，可能な限りその意向を尊重
しなければならない。

3　国及び地方公共団体は，障害者である児
童及び生徒と障害者でない児童及び生徒と
の交流及び共同学習を積極的に進めること
によつて，その相互理解を促進しなければ
ならない。

4　国及び地方公共団体は，障害者の教育に
関し，調査及び研究並びに人材の確保及び
資質の向上，適切な教材等の提供，学校施
設の整備その他の環境の整備を促進しなけ
ればならない。

［資料3］
障害を理由とする差別の解消の推進に関する法律（抄）

$$\left(\begin{array}{l}\text{平成25.6.26　法律第65号}\\\text{改正　令和4.6.17　法律第68号}\end{array}\right)$$

第一章　総則

（目的）

第一条　この法律は，障害者基本法（昭和45年法律第84号）の基本的な理念にのっとり，全ての障害者が，障害者でない者と等しく，基本的人権を享有する個人としてその尊厳が重んぜられ，その尊厳にふさわしい生活を保障される権利を有することを踏まえ，障害を理由とする差別の解消の推進に関する基本的な事項，行政機関等及び事業者における障害を理由とする差別を解消するための措置等を定めることにより，障害を理由とする差別の解消を推進し，もって全ての国民が，障害の有無によって分け隔てられることなく，相互に人格と個性を尊重し合いながら共生する社会の実現に資することを目的とする。

（定義）

第二条　この法律において，次の各号に掲げる用語の意義は，それぞれ当該各号に定めるところによる。

　一　障害者　身体障害，知的障害，精神障害（発達障害を含む。）その他の心身の機能の障害（以下「障害」と総称する。）がある者であって，障害及び社会的障壁により継続的に日常生活又は社会生活に相当な制限を受ける状態にあるものをいう。

　二　社会的障壁　障害がある者にとって日常生活又は社会生活を営む上で障壁となるような社会における事物，制度，慣行，観念その他一切のものをいう。

　三　行政機関等　国の行政機関，独立行政法人等，地方公共団体（地方公営企業法（昭和27年法律第292号）第3章の規定の適用を受ける地方公共団体の経営する企業を除く。第七号，第10条及び附則第4条第一項において同じ。）及び地方独立行政法人をいう。

　四　国の行政機関　次に掲げる機関をいう。

　　イ　法律の規定に基づき内閣に置かれる機関（内閣府を除く。）及び内閣の所轄の下に置かれる機関

　　ロ　内閣府，宮内庁並びに内閣府設置法（平成11年法律第89号）第49条第1項及び第2項に規定する機関（これらの機関のうちニの政令で定める機関が置かれる機関にあっては，当該政令で定める機関を除く。）

　　ハ　国家行政組織法（昭和23年法律第120号）第3条第2項に規定する機関（ホの政令で定める機関が置かれる機関にあっては，当該政令で定める機関を除く。）

　　ニ　内閣府設置法第39条及び第55条並びに宮内庁法（昭和22年法律第70号）第16条第2項の機関並びに内閣府設置法第40条及び第56条（宮内庁法第18条第1項において準用する場合を含む。）の特別の機関で，政令で定めるもの

　　ホ　国家行政組織法第8条の二の施設等機関及び同法第8条の三の特別の機関で，政令で定めるもの

　　ヘ　会計検査院

　五　独立行政法人等　次に掲げる法人をいう。

　　イ　独立行政法人（独立行政法人通則法（平成11年法律第103号）第2条第1項に規定する独立行政法人をいう。ロにおいて同じ。）

　　ロ　法律により直接に設立された法人，

特別の法律により特別の設立行為を
もって設立された法人（独立行政法人
を除く。）又は特別の法律により設立
され，かつ，その設立に関し行政庁の
認可を要する法人のうち，政令で定め
るもの

六　地方独立行政法人　地方独立行政法人
法（平成15年法律第108号）第２条第１
項に規定する地方独立行政法人（同法第
21条第三号に掲げる業務を行うものを除
く。）をいう。

七　事業者　商業その他の事業を行う者
（国，独立行政法人等，地方公共団体及
び地方独立行政法人を除く。）をいう。

（国及び地方公共団体の責務）

第三条　国及び地方公共団体は，この法律の
趣旨にのっとり，障害を理由とする差別の
解消の推進に関して必要な施策を策定し，
及びこれを実施しなければならない。

２　国及び地方公共団体は，障害を理由とす
る差別の解消の推進に関して必要な施策の
効率的かつ効果的な実施が促進されるよ
う，適切な役割分担を行うとともに，相互
に連携を図りながら協力しなければならな
い。

（国民の責務）

第四条　国民は，第一条に規定する社会を実
現する上で障害を理由とする差別の解消が
重要であることに鑑み，障害を理由とする
差別の解消の推進に寄与するよう努めなけ
ればならない。

**（社会的障壁の除去の実施についての必要
かつ合理的な配慮に関する環境の整備）**

第五条　行政機関等及び事業者は，社会的障
壁の除去の実施についての必要かつ合理的
な配慮を的確に行うため，自ら設置する施
設の構造の改善及び設備の整備，関係職員
に対する研修その他の必要な環境の整備に
努めなければならない。

**第二章　障害を理由とする差別の解消の推進
に関する基本方針**

第六条　政府は，障害を理由とする差別の解
消の推進に関する施策を総合的かつ一体的
に実施するため，障害を理由とする差別の
解消の推進に関する基本方針（以下「基本
方針」という。）を定めなければならない。

２　基本方針は，次に掲げる事項について定
めるものとする。

一　障害を理由とする差別の解消の推進に
関する施策に関する基本的な方向

二　行政機関等が講ずべき障害を理由とす
る差別を解消するための措置に関する基
本的な事項

三　事業者が講ずべき障害を理由とする差
別を解消するための措置に関する基本的
な事項

四　国及び地方公共団体による障害を理由
とする差別を解消するための支援措置の
実施に関する基本的な事項

五　その他障害を理由とする差別の解消の
推進に関する施策に関する重要事項

３　内閣総理大臣は，基本方針の案を作成
し，閣議の決定を求めなければならない。

４　内閣総理大臣は，基本方針の案を作成し
ようとするときは，あらかじめ，障害者そ
の他の関係者の意見を反映させるために必
要な措置を講ずるとともに，障害者政策委
員会の意見を聴かなければならない。

５　内閣総理大臣は，第３項の規定による閣
議の決定があったときは，遅滞なく，基本
方針を公表しなければならない。

６　前３項の規定は，基本方針の変更につい
て準用する。

**第三章　行政機関等及び事業者における障害
を理由とする差別を解消するための措置**

**（行政機関等における障害を理由とする差
別の禁止）**

第七条　行政機関等は，その事務又は事業を
行うに当たり，障害を理由として障害者で
ない者と不当な差別的取扱いをすることに
より，障害者の権利利益を侵害してはなら
ない。

2 行政機関等は，その事務又は事業を行う
に当たり，障害者から現に社会的障壁の除
去を必要としている旨の意思の表明があっ
た場合において，その実施に伴う負担が過
重でないときは，障害者の権利利益を侵害
することとならないよう，当該障害者の性
別，年齢及び障害の状態に応じて，社会的
障壁の除去の実施について必要かつ合理的
な配慮をしなければならない。

**（事業者における障害を理由とする差別の
禁止）**

第八条 事業者は，その事業を行うに当た
り，障害を理由として障害者でない者と不
当な差別的取扱いをすることにより，障害
者の権利利益を侵害してはならない。

2 事業者は，その事業を行うに当たり，障

害者から現に社会的障壁の除去を必要とし
ている旨の意思の表明があった場合におい
て，その実施に伴う負担が過重でないとき
は，障害者の権利利益を侵害することとな
らないよう，当該障害者の性別，年齢及び
障害の状態に応じて，社会的障壁の除去の
実施について必要かつ合理的な配慮をしな
ければならない。

（事業者のための対応指針）

第十一条 主務大臣は，基本方針に即して，
第八条に規定する事項に関し，事業者が適
切に対応するために必要な指針（以下「対
応指針」という。）を定めるものとする。

2 第九条第二項から第四項までの規定は，
対応指針について準用する。

［資料4］

障害を理由とする差別の解消の推進に関する基本方針（抄）

（令和 5.3.14　閣議決定）

　政府は，障害を理由とする差別の解消の推進に関する法律（平成25年法律第65号。以下「法」という。）第6条第1項の規定に基づき，障害を理由とする差別の解消の推進に関する基本方針（以下「基本方針」という。）を策定する。基本方針は，障害を理由とする差別（以下「障害者差別」という。）の解消に向けた，政府の施策の総合的かつ一体的な実施に関する基本的な考え方を示すものである。

第1　障害を理由とする差別の解消の推進に関する施策に関する基本的な方向

1　法制定の背景及び経過

　近年，障害者の権利擁護に向けた取組が国際的に進展し，平成18年に国連において，障害者の人権及び基本的自由の享有を確保すること並びに障害者の固有の尊厳の尊重を促進するための包括的かつ総合的な国際条約である障害者の権利に関する条約（以下「権利条約」という。）が採択された。我が国は，平成19年に権利条約に署名し，以来，国内法の整備を始めとする取組を進めてきた。

　権利条約は第2条において，「「障害に基づく差別」とは，障害に基づくあらゆる区別，排除又は制限であって，政治的，経済的，社会的，文化的，市民的その他のあらゆる分野において，他の者との平等を基礎として全ての人権及び基本的自由を認識し，享有し，又は行使することを害し，又は妨げる目的又は効果を有するものをいう。障害に基づく差別には，あらゆる形態の差別（合理的配慮の否定を含む。）を含む。」と定義し，その禁止について，締約国に全ての適当な措置を求めている。我が国においては，平成16年の障害者基本法（昭和45年法律第84号）の改正において，障害者に対する差別の禁止が基本的理念として明示され，さらに，平成23年の同法改正の際には，権利条約の趣旨を踏まえ，同法第2条第2号において，社会的障壁について，「障害がある者にとつて日常生活又は社会生活を営む上で障壁となるような社会における事物，制度，慣行，観念その他一切のものをいう。」と定義されるとともに，基本原則として，同法第4条第1項に，「何人も，障害者に対して，障害を理由として，差別することその他の権利利益を侵害する行為をしてはならない」こと，また，同条第2項に，「社会的障壁の除去は，それを必要としている障害者が現に存し，かつ，その実施に伴う負担が過重でないときは，それを怠ることによつて前項の規定に違反することとならないよう，その実施について必要かつ合理的な配慮がされなければならない」ことが規定された。

　法は，障害者基本法の差別の禁止の基本原則を具体化するものであり，全ての国民が，障

資料

害の有無によって分け隔てられることなく，相互に人格と個性を尊重し合いながら共生する社会の実現に向け，障害を理由とする差別の解消を推進することを目的として，平成25年6月に制定された。我が国は，本法の制定を含めた一連の障害者施策に係る取組の成果を踏まえ，平成26年1月に権利条約を締結した。

また，令和3年6月には，事業者による合理的配慮の提供を義務付けるとともに，行政機関相互間の連携の強化を図るほか，相談体制の充実や情報の収集・提供など障害を理由とする差別を解消するための支援措置の強化を内容とする改正法が公布された（障害を理由とする差別の解消の推進に関する法律の一部を改正する法律（令和3年法律第56号））。

第2 行政機関等及び事業者が講ずべき障害を理由とする差別を解消するための措置に関する共通的な事項

3 合理的配慮

（1）合理的配慮の基本的な考え方

ア 権利条約第2条において，「合理的配慮」は，「障害者が他の者との平等を基礎として全ての人権及び基本的自由を享有し，又は行使することを確保するための必要かつ適当な変更及び調整であって，特定の場合において必要とされるものであり，かつ，均衡を失した又は過度の負担を課さないもの」と定義されている。

法は，権利条約における合理的配慮の定義を踏まえ，行政機関等及び事業者に対し，その事務・事業を行うに当たり，個々の場面において，障害者から現に社会的障壁の除去を必要としている旨の意思の表明があった場合において，その実施に伴う負担が過重でないときは，障害者の権利利益を侵害することとならないよう，社会的障壁の除去の実施について，必要かつ合理的な配慮を行うこと（以下「合理的配慮」という。）を求めている。合理的配慮は，障害者が受ける制限は，障害のみに起因するものではなく，社会における様々な障壁と相対することによって生ずるものとのいわゆる「社会モデル」の考え方を踏まえたものであり，障害者の権利利益を侵害することとならないよう，障害者が個々の場面において必要としている社会的障壁を除去するための必要かつ合理的な取組であり，その実施に伴う負担が過重でないものである。

イ 合理的配慮は，障害の特性や社会的障壁の除去が求められる具体的場面や状況に応じて異なり，多様かつ個別性の高いものである。また，その内容は，後述する「環境の整備」に係る状況や，技術の進展，社会情勢の変化等に応じて変わり得るものである。

合理的配慮は，行政機関等及び事業者の事務・事業の目的・内容・機能に照らし，必要とされる範囲で本来の業務に付随するものに限られること，障害者でない者との比較において同等の機会の提供を受けるためのものであること，事務・事業の目的・内容・機能の本質的な変更には及ばないことに留意する必要がある。その提供に当たってはこれらの点に留意した上で，当該障害者が現に置かれている状況を踏まえ，社会的障壁の

除去のための手段及び方法について，当該障害者本人の意向を尊重しつつ「（2）過重な負担の基本的な考え方」に掲げた要素も考慮し，代替措置の選択も含め，双方の建設的対話による相互理解を通じて，必要かつ合理的な範囲で柔軟に対応がなされる必要がある。

建設的対話に当たっては，障害者にとっての社会的障壁を除去するための必要かつ実現可能な対応案を障害者と行政機関等・事業者が共に考えていくために，双方がお互いの状況の理解に努めることが重要である。例えば，障害者本人が社会的障壁の除去のために普段講じている対策や，行政機関等や事業者が対応可能な取組等を対話の中で共有する等，建設的対話を通じて相互理解を深め，様々な対応策を柔軟に検討していくことが円滑な対応に資すると考えられる。

ウ　現時点における合理的配慮の一例としては以下の例が挙げられる。なお，記載されている内容はあくまでも例示であり，あらゆる事業者が必ずしも実施するものではないこと，以下の例以外であっても合理的配慮に該当するものがあることに留意する。

（合理的配慮の例）

・車椅子利用者のために段差に携帯スロープを渡す，高い所に陳列された商品を取って渡すなどの物理的環境に係る対応を行うこと。

・筆談，読み上げ，手話，コミュニケーションボードの活用などによるコミュニケーション，振り仮名や写真，イラストなど分かりやすい表現を使って説明をするなどの意思疎通に係る対応を行うこと。

・障害の特性に応じた休憩時間の調整や必要なデジタル機器の使用の許可などのルール・慣行の柔軟な変更を行うこと。

・店内の単独移動や商品の場所の特定が困難な障害者に対し，店内移動と買物の支援を行うこと。

また，合理的配慮の提供義務違反に該当すると考えられる例及び該当しないと考えられる例としては，次のようなものがある。なお，記載されている内容はあくまでも例示であり，合理的配慮の提供義務違反に該当するか否かについては，個別の事案ごとに，前述の観点等を踏まえて判断することが必要であることに留意する。

（合理的配慮の提供義務違反に該当すると考えられる例）

・試験を受ける際に筆記が困難なためデジタル機器の使用を求める申出があった場合に，デジタル機器の持込みを認めた前例がないことを理由に，必要な調整を行うことなく一律に対応を断ること。

・イベント会場内の移動に際して支援を求める申出があった場合に「何かあったら困る」という抽象的な理由で具体的な支援の可能性を検討せず，支援を断ること。

・電話利用が困難な障害者から電話以外の手段により各種手続が行えるよう対応を求められた場合に，自社マニュアル上，当該手続は利用者本人による電話のみで手続可能

とすることとされていることを理由として，メールや電話リレーサービスを介した電話等の代替措置を検討せずに対応を断ること。

・自由席での開催を予定しているセミナーにおいて，弱視の障害者からスクリーンや板書等がよく見える席でのセミナー受講を希望する申出があった場合に，事前の座席確保などの対応を検討せずに「特別扱いはできない」という理由で対応を断ること。

（合理的配慮の提供義務に反しないと考えられる例）

・飲食店において，食事介助等を求められた場合に，当該飲食店が当該業務を事業の一環として行っていないことから，その提供を断ること。（必要とされる範囲で本来の業務に付随するものに限られることの観点）

・抽選販売を行っている限定商品について，抽選申込みの手続を行うことが困難であることを理由に，当該商品をあらかじめ別途確保しておくよう求められた場合に，当該対応を断ること。（障害者でない者との比較において同等の機会の提供を受けるためのものであることの観点）

・オンライン講座の配信のみを行っている事業者が，オンラインでの集団受講では内容の理解が難しいことを理由に対面での個別指導を求められた場合に，当該対応はその事業の目的・内容とは異なるものであり，対面での個別指導を可能とする人的体制・設備も有していないため，当該対応を断ること。（事務・事業の目的・内容・機能の本質的な変更には及ばないことの観点）

・小売店において，混雑時に視覚障害者から店員に対し，店内を付き添って買物の補助を求められた場合に，混雑時のため付添いはできないが，店員が買物リストを書き留めて商品を準備することができる旨を提案すること。（過重な負担（人的・体制上の制約）の観点）

また，合理的配慮の提供に当たっては，障害者の性別，年齢，状態等に配慮するものとし，特に障害のある女性に対しては，障害に加えて女性であることも踏まえた対応が求められることに留意する。

エ　意思の表明に当たっては，具体的場面において，社会的障壁の除去を必要としている状況にあることを言語（手話を含む。）のほか，点字，拡大文字，筆談，実物の提示や身振りサイン等による合図，触覚による意思伝達など，障害者が他人とコミュニケーションを図る際に必要な手段（通訳を介するものを含む。）により伝えられる。その際には，社会的障壁を解消するための方法等を相手に分かりやすく伝えることが望ましい。

また，障害者からの意思表明のみでなく，障害の特性等により本人の意思表明が困難な場合には，障害者の家族，介助者等，コミュニケーションを支援する者が，本人を補佐して行う意思の表明も含む。なお，意思の表明が困難な障害者が，家族や支援者・介助者等を伴っていない場合など，意思の表明がない場合であっても，当該障害者が社会

的障壁の除去を必要としていることが明白である場合には，法の趣旨に鑑みれば，当該障害者に対して適切と思われる配慮を提案するために建設的対話を働きかけるなど，自主的な取組に努めることが望ましい。

（2）過重な負担の基本的な考え方

過重な負担については，行政機関等及び事業者において，個別の事案ごとに，以下の要素等を考慮し，具体的場面や状況に応じて総合的・客観的に判断することが必要である。行政機関等及び事業者は，過重な負担に当たると判断した場合は，障害者に丁寧にその理由を説明するものとし，理解を得るよう努めることが望ましい。その際には前述のとおり，行政機関等及び事業者と障害者の双方が，お互いに相手の立場を尊重しながら，建設的対話を通じて相互理解を図り，代替措置の選択も含めた対応を柔軟に検討することが求められる。

○　事務・事業への影響の程度（事務・事業の目的・内容・機能を損なうか否か）

○　実現可能性の程度（物理的・技術的制約，人的・体制上の制約）

○　費用・負担の程度

○　事務・事業規模

○　財政・財務状況

（3）環境の整備との関係

ア　環境の整備の基本的な考え方

法は，個別の場面において，個々の障害者に対して行われる合理的配慮を的確に行うための不特定多数の障害者を主な対象として行われる事前的改善措置（施設や設備のバリアフリー化，意思表示やコミュニケーションを支援するためのサービス・介助者等の人的支援，障害者による円滑な情報の取得・利用・発信のための情報アクセシビリティの向上等）を，環境の整備として行政機関等及び事業者の努力義務としている。環境の整備においては，新しい技術開発が投資負担の軽減をもたらすこともあることから，技術進歩の動向を踏まえた取組が期待される。また，ハード面のみならず，職員に対する研修や，規定の整備等の対応も含まれることが重要である。

障害を理由とする差別の解消のための取組は，法や高齢者，障害者等の移動等の円滑化の促進に関する法律（平成18年法律第91号）等不特定多数の障害者を対象とした事前的な措置を規定する法令に基づく環境の整備に係る施策や取組を着実に進め，環境の整備と合理的配慮の提供を両輪として進めることが重要である。

イ　合理的配慮と環境の整備

環境の整備は，不特定多数の障害者向けに事前的改善措置を行うものであるが，合理的配慮は，環境の整備を基礎として，その実施に伴う負担が過重でない場合に，特定の障害者に対して，個別の状況に応じて講じられる措置である。したがって，各場面における環境の整備の状況により，合理的配慮の内容は異なることとなる。

合理的配慮の提供と環境の整備の関係に係る一例としては以下の例が挙げられる。

・障害者から申込書類への代筆を求められた場合に円滑に対応できるよう，あらかじめ申込手続における適切な代筆の仕方について店員研修を行う（環境の整備）とともに，障害者から代筆を求められた場合には，研修内容を踏まえ，本人の意向を確認しながら店員が代筆する（合理的配慮の提供）。

・オンラインでの申込手続が必要な場合に，手続を行うためのウェブサイトが障害者にとって利用しづらいものとなっていることから，手続に際しての支援を求める申出があった場合に，求めに応じて電話や電子メールでの対応を行う（合理的配慮の提供）とともに，以後，障害者がオンライン申込みの際に不便を感じることのないよう，ウェブサイトの改良を行う（環境の整備）。

なお，多数の障害者が直面し得る社会的障壁をあらかじめ除去するという観点から，他の障害者等への波及効果についても考慮した環境の整備を行うことや，相談・紛争事案を事前に防止する観点からは合理的配慮の提供に関する相談対応等を契機に，行政機関等及び事業者の内部規則やマニュアル等の制度改正等の環境の整備を図ることは有効である。また環境の整備は，障害者との関係が長期にわたる場合においても，その都度の合理的配慮の提供が不要となるという点で，中・長期的なコストの削減・効率化にも資することとなる。

第4 事業者が講ずべき障害を理由とする差別を解消するための措置に関する基本的な事項

2 対応指針

（1）対応指針の位置付け及び作成・変更手続

主務大臣は，個別の場面における事業者の適切な対応・判断に資するための対応指針を作成するものとされている。作成・変更に当たっては，障害者や事業者等を構成員に含む会議の開催，障害者団体や事業者団体等からのヒアリングなど，障害者その他の関係者の意見を反映させるために必要な措置を講ずるとともに，作成等の後は，対応指針を公表しなければならない。

対応指針は事業者の適切な判断に資するために作成されるものであり，盛り込まれる合理的配慮の具体例は，事業者に強制する性格のものではなく，　　　　　　　また，それだけに限られるものではない。事業者においては，対応指針を踏まえ，具体的場面や状況に応じて柔軟に対応することが期待される。

また，対応指針は事業者に加え，障害者が相談を行う際や，国や地方公共団体における相談機関等が相談対応を行う際等にも，相談事案に係る所管府省庁の確認のため参照され得るものであることから，対応指針においては，各主務大臣が所掌する分野及び当該分野に対応する相談窓口を分かりやすく示すことが求められる。

（2）対応指針の記載事項

資料4

　対応指針の記載事項としては，以下のものが考えられる。なお，具体例を記載する際には，障害特性や年齢，性別，具体的な場面等を考慮したものとなるよう留意することとする。

○　趣旨

○　障害を理由とする不当な差別的取扱い及び合理的配慮の基本的な考え方

○　障害を理由とする不当な差別的取扱い及び合理的配慮の具体例

○　事業者における相談体制の整備

○　事業者における研修・啓発，障害を理由とする差別の解消の推進に資する制度等の整備

○　国の行政機関（主務大臣）における所掌する分野ごとの相談窓口

資料

［資料5］

文部科学省所管事業分野における障害を理由とする
差別の解消の推進に関する対応指針について（通知）

（平成27.11.26　27文科初第1058号）

　このたび、「障害を理由とする差別の解消の推進に関する法律」（平成25年法律第65号。以下「法」という。）附則第5条第1項の規定に基づき、同法第11条の規定の例により、「文部科学省所管事業分野における障害を理由とする差別の解消の推進に関する対応指針」（平成27年文部科学省告示第180号。以下「本指針」という。）【別添1】を策定し、平成28年4月1日から適用することとしました。

　本指針の初等中等教育分野、専修学校及び各種学校、社会教育分野に関する概要及び留意事項については、下記のとおりです。

　初等中等教育分野においては、学校法人、構造改革特別区域法第12条第1項に規定する学校設置会社、学校教育法（昭和28年政令第340号）附則第6条の規定により幼稚園を設置する法人及び個人（以下「学校法人等」という。）の事業者が本指針の対象となることから、都道府県知事及び小中高等学校を設置する学校設置会社を所轄する構造改革特別区域法第12条第1項の認定を受けた地方公共団体の長におかれては、所管の学校法人等に対して、下記について周知を図るとともに、必要な指導、助言又は援助をお願いします。

　私立の専修学校及び各種学校を設置する事業者についても本指針の対象となることから、各都道府県におかれては、所管の専修学校及び各種学校に対して、下記について周知を図るとともに、必要な指導、助言又は援助をお願いします。

　さらに、社会教育分野においては、私立の社会教育施設や社会教育関係団体が本指針の対象となることから、域内の私立の社会教育施設や社会教育関係団体に対して、特に別紙1を参照の上、適切に対応がなされるよう、下記について周知を図るとともに、必要な指導又は助言をお願いします。

　各教育委員会及び公立学校、国公立の専修学校及び各種学校、公立の社会教育施設は本指針の直接の対象ではありませんが、都道府県教育委員会及び国立大学法人におかれては、所管の学校（専修学校及び各種学校を含む。）、社会教育施設及び域内の市（特別区を含む。以下同じ。）町村教育委員会が法に適切に対応するための参考となるよう、下記について周知を図るとともに、今後、法第10条第1項の規定に基づき、職員が適切に対応するために必要な要領（以下「都道府県対応要領」という。）を策定する際には、本指針及び法第9条第1項に基づいて文部科学省が策定する対応要領（以下「文部科学省対応要領」という。）も参照ください。また、域内の市町村教育委員会が法第10条第1項の規定に基づく要領（以下「市町村対応要領」という。）を策定する際には、必要な指導、助言又は援助をお願いします。

　なお、文部科学省対応要領については、策定後、別途通知する予定です。

資料５

記

1　本指針の概要
第1　趣旨
1　法の制定の経緯
法は，障害者基本法（昭和45年法律第84号）の差別の禁止の基本原則を具体化するものであり，全ての国民が，障害の有無によって分け隔てられることなく，相互に人格と個性を尊重し合いながら共生する社会の実現に向け，障害者差別の解消を推進することを目的とすること。

2　法の基本的な考え方
（1）　法の対象となる障害者は，障害者基本法第2条第1号に規定する障害者，すなわち，身体障害，知的障害，精神障害（発達障害を含む。）その他の心身の機能の障害（以下「障害」と総称する。）がある者であって，障害及び社会的障壁により継続的に日常生活又は社会生活に相当な制限を受ける状態にあるものであり，いわゆる障害者手帳の所持者に限られないこと。難病に起因する障害は心身の機能の障害に含まれ，高次脳機能障害は精神障害に含まれること。

（2）　法は，日常生活及び社会生活全般に係る分野を広く対象としていること。ただし，事業者が事業主としての立場で労働者に対して行う障害を理由とする差別を解消するための措置については，障害者の雇用の促進等に関する法律（昭和35年法律第123号）の定めるところによることから，対応指針の対象外となること。なお，同法において，雇用の分野における障害者に対する差別の禁止及び障害者が職場で働くに当たっての支障を改善するための措置（合理的配慮の提供義務）が定められたことを認識し，厚生労働大臣が定める各指針を踏まえて適切に対処することが求められることに留意すること。

3　本指針の位置付け
本指針は，法第11条第1項の規定に基づき，また，障害を理由とする差別の解消の推進に関する基本方針（平成27年2月24日閣議決定。以下「基本方針」という。）【別添2】に即して，法第8条に規定する事項に関し，文部科学省が所管する分野における事業者（以下「関係事業者」という。）が適切に対応するために必要な事項を定めたものであること。
事業者とは，商業その他の事業を行う者（国，独立行政法人等，地方公共団体及び地方独立行政法人を除く。），すなわち，目的の営利・非営利，個人・法人の別を問わず，同種の行為を反復継続する意思をもって行う者であり，個人事業者や対価を得ない無報酬の事業を行う者，学校法人，宗教法人，非営利事業を行う社会福祉法人及び特定非営利活動法人を含むこと。

資料

4 留意点

本指針で「望ましい」と記載している内容は，関係事業者がそれに従わない場合であっても，法に反すると判断されることはないが，障害者基本法の基本的な理念及び法の目的を踏まえ，できるだけ取り組むことが望まれることを意味すること。

関係事業者における取組は，本指針を参考にして自主的に行われることが期待されるが，関係事業者が法に反した取扱いを繰り返し，自主的な改善を期待することが困難である場合などは，法第12条の規定により，文部科学大臣は，特に必要があると認められるときは，関係事業者に対し，報告を求め，又は助言，指導若しくは勧告をすることができることとされていること。

こうした行政措置に至る事案を未然に防止するため，文部科学大臣は，関係事業者に対して，本指針に係る十分な情報提供を行うとともに，第5のとおり，相談窓口を設置すること。

第2 不当な差別的取扱い及び合理的配慮の基本的な考え方

1 不当な差別的取扱い

（1） 不当な差別的取扱いの基本的な考え方

関係事業者は，その事業を行うに当たり，障害を理由として障害者でない者と不当な差別的取扱いをすることにより，障害者の権利利益を侵害してはならないこと。

ア 法が禁止する障害者の権利利益の侵害とは，障害者に対して，正当な理由なく，障害を理由として，財・サービスや各種機会の提供を拒否する又は提供に当たって場所・時間帯などを制限する，障害者でない者に対しては付さない条件を付すことなどによる権利利益の侵害であること。

なお，障害者の事実上の平等を促進し，又は達成するために必要な特別の措置は，法第8条第1項に規定する不当な差別的取扱い（以下単に「不当な差別的取扱い」という。）ではないこと。

イ 障害者を障害者でない者より優遇する取扱い（いわゆる積極的改善措置）や，後述する合理的配慮の提供による障害者でない者との異なる取扱い，合理的配慮を提供等するために必要な範囲で，プライバシーに配慮しつつ障害者に障害の状況等を確認することは，不当な差別的取扱いには当たらないこと。

（2） 正当な理由の判断の視点

正当な理由に相当するのは，その取扱いが客観的に見て正当な目的の下に行われたものであり，その目的に照らしてやむを得ない場合であること。関係事業者は，正当な理由に相当するか否かについて，個別の事案ごとに，障害者，関係事業者，第三者の権利利益の観点から，具体的場面や状況に応じて総合的・客観的に判断することが必要であること。個別の事案ごとに具体的場面や状況に応じた検討を行うことなく，一般的・抽象的な理由に基づいて障害者を不

資料5

利に扱うことは、法の趣旨を損なうため、適当ではないこと。

関係事業者は、個別の事案ごとに具体的な検討を行った上で正当な理由があると判断した場合には、障害者にその理由を説明するものとし、理解を得るよう努めることが望ましいこと。

（3）　不当な差別的取扱いの具体例

不当な差別的取扱いに当たり得る具体例は別紙1のとおりであること。

なお、不当な差別的取扱いに相当するか否かについては、個別の事案ごとに判断されることとなり、別紙1の具体例は、正当な理由が存在しないことを前提としていること、さらに、それらはあくまでも例示であり、記載されている具体例だけに限られるものではないことに留意する必要があること。

2　合理的配慮

（1）　合理的配慮の基本的な考え方

関係事業者は、その事業を行うに当たり、障害者から現に社会的障壁の除去を必要としている旨の意思の表明があった場合において、その実施に伴う負担が過重でないときは、障害者の権利利益を侵害することとならないよう、当該障害者の性別、年齢及び障害の状態に応じて、社会的障壁の除去の実施について必要かつ合理的な配慮（以下「合理的配慮」という。）をするように努めなければならないこと。

ア　合理的配慮は、事業者の事業の目的・内容・機能に照らし、必要とされる範囲で本来の業務に付随するものに限られること、障害でない者との比較において同等の機会の提供を受けるためのものであること及び事業の目的・内容・機能の本質的な変更には及ばないことに留意する必要があること。

イ　合理的配慮は、障害の特性や社会的障壁の除去が求められる具体的場面や状況に応じて異なり、多様かつ個別性の高いものであり、当該障害者が現に置かれている状況を踏まえ、社会的障壁の除去のための手段及び方法について、2（2）で示す過重な負担の基本的な考え方に掲げた要素を考慮し、代替措置の選択も含め、双方の建設的対話による相互理解を通じて、必要かつ合理的な範囲で、柔軟に対応がなされるものであること。

なお、合理的配慮を必要とする障害者が多数見込まれる場合、障害者との関係性が長期にわたる場合等には、後述する環境の整備に取り組むことを積極的に検討することが望ましいこと。

ウ　意思の表明に当たっては、具体的場面において、社会的障壁の除去に関する配慮を必要としている状況にあることを言語（手話を含む。）のほか、障害者が他人とコミュニケーションを図る際に必要な手段により伝えられ、本人の意思の表明が困難な場合には、コミュニケーションを支援する者が本人を補佐して行う意思の表明も含むこと。

なお、意思の表明が困難な障害者がコミュニケーションを支援する者を伴っておらず、本人の意思の表明も支援者が本人を補佐して行う意思の表明も困難であることなどにより、意思の表

161

資料

明がない場合であっても，当該障害者が社会的障壁の除去を必要としていることが明白である場合には，法の趣旨に鑑み，当該障害者に対して適切と思われる配慮を提案するために建設的対話を働きかけるなど，自主的な取組に努めることが望ましいこと。

エ　合理的配慮は，事前に行われる建築物のバリアフリー化，介助者や日常生活・学習活動などの支援を行う支援員等の人的支援，情報アクセシビリティの向上等の環境の整備を基礎として，個々の障害者に対して，その状況に応じて個別に実施される措置であり，各場面における環境の整備の状況により，合理的配慮の内容は異なることとなること。また，障害の状態等が変化することもあるため，特に，障害者との関係性が長期にわたる場合等には，提供する合理的配慮について，適宜，見直しを行うことが重要であること。

オ　介助者や支援員等の人的支援に関しては，障害者本人との人間関係や信頼関係の構築・維持が重要であるため，これらの関係も考慮した支援のための環境整備にも留意することが望ましいこと。また，支援機器の活用により，障害者と関係事業者双方の負担が軽減されることも多くあることから，支援機器の適切な活用についても配慮することが望ましいこと。

カ　同種の事業が行政機関等と事業者の双方で行われる場合には，事業の類似性を踏まえつつ，事業主体の違いも考慮した上での対応に努めることが望ましいこと。

（2）　過重な負担の基本的な考え方

過重な負担については，関係事業者において，個別の事案ごとに，以下の要素等を考慮し，具体的場面や状況に応じて総合的・客観的に判断することが必要であること。個別の事案ごとに具体的場面や状況に応じた検討を行うことなく，一般的・抽象的な理由に基づいて過重な負担に当たると判断することは，法の趣旨を損なうため，適当ではないこと。過重な負担に当たると判断した場合には，障害者にその理由を説明するものとし，理解を得るよう努めることが望ましいこと。

1　事務・事業への影響の程度（事務・事業の目的・内容・機能を損なうか否か）
2　実現可能性の程度（物理的・技術的制約，人的・体制上の制約）
3　費用・負担の程度
4　事務・事業規模
5　財政・財務状況

（3）　合理的配慮の具体例

合理的配慮の具体例は別紙1のとおりであること。

掲載した具体例については，過重な負担が存在しないこと，事業者に強制する性格のものではないこと，さらに，これらはあくまでも例示であり，記載されている具体例に限られるものではないことに留意する必要があること。

資料5

第3　関係事業者における相談体制の整備

関係事業者においては，障害者，その家族その他の関係者からの相談等に的確に対応するため，既存の一般の利用者等からの相談窓口等の活用や窓口の開設により相談窓口を整備することが重要であること。また，ホームページ等を活用し，相談窓口等に関する情報を周知することや，障害の特性に応じた多様なコミュニケーション手段や情報提供手段を用意して対応することが望ましいこと。なお，ホームページによる周知に際しては，視覚障害者，聴覚障害者等の情報アクセシビリティに配慮することが望ましいこと。

また，実際の相談事例については，プライバシーに配慮しつつ順次蓄積し，以後の合理的配慮の提供等に活用することが望ましいこと。

第4　関係事業者における研修・啓発

関係事業者は，障害者に対して適切に対応し，また，障害者及びその家族その他の関係者からの相談等に的確に対応するため，研修等を通じて，法の趣旨の普及を図るとともに，障害に関する理解の促進を図ることが重要であること。

特に学校教育分野においては，教職員の理解の在り方や指導の姿勢が幼児，児童，生徒及び学生（以下「児童生徒等」という。）に大きく影響することに十分留意し，児童生徒等の発達段階に応じた支援方法，外部からは気付きにくいこともある難病等をはじめとした病弱（身体虚弱を含む。），発達障害，高次脳機能障害等の理解，児童生徒等の間で不当な差別的取扱いが行われている場合の適切な対応方法等も含め，研修・啓発を行うことが望ましいこと。

研修・啓発においては，文部科学省や独立行政法人等が提供する各種情報を活用することが効果的であること。また，研修・啓発の内容によっては，医療，保健，福祉等の関係機関や障害者関係団体と連携して実施することも効果的であること。

第5　文部科学省所管事業分野に係る相談窓口

生涯学習・社会教育分野　生涯学習政策局生涯学習推進課及び同局社会教育課

初等中等教育分野　初等中等教育局特別支援教育課

高等教育分野　高等教育局学生・留学生課

科学技術・学術分野　科学技術・学術所管部局事業所管各課室

スポーツ分野　スポーツ庁健康スポーツ課

文化芸術分野　文化庁文化所管部局事業所管各課室

別紙1

不当な差別的取扱い，合理的配慮等の具体例

1　不当な差別的取扱いに当たり得る具体例

　障害のみを理由として，以下の取扱いを行うこと。

○学校，社会教育施設，スポーツ施設，文化施設等において，窓口対応を拒否し，又は対応の順序を後回しにすること。

○資料の送付，パンフレットの提供，説明会やシンポジウムへの出席等を拒むこと。

○社会教育施設，スポーツ施設，文化施設等やそれらのサービスの利用をさせないこと。

○学校への入学の出願の受理，受験，入学，授業等の受講や研究指導，実習等校外教育活動，入寮，式典参加を拒むことや，これらを拒まない代わりとして正当な理由のない条件を付すこと。

○試験等において合理的配慮の提供を受けたことを理由に，当該試験等の結果を学習評価の対象から除外したり，評価において差を付けたりすること。

2　不当な差別的取扱いに当たらない具体例

○学校，社会教育施設，スポーツ施設，文化施設等において，合理的配慮を提供等するために必要な範囲で，プライバシーに配慮しつつ，障害者である利用者に障害の状況等を確認すること。

○障害のある幼児，児童及び生徒のため，通級による指導を実施する場合において，また特別支援学級及び特別支援学校において，特別の教育課程を編成すること。

3　合理的配慮に当たり得る配慮の具体例

（1）物理的環境への配慮や人的支援の配慮の具体例

①主として物理的環境への配慮に関するもの

○学校，社会教育施設，スポーツ施設，文化施設等において，災害時の警報音，緊急連絡等が聞こえにくい障害者に対し，災害時に関係事業者の管理する施設の職員が直接災害を知らせたり，緊急情報・館内放送を視覚的に受容することができる警報設備・電光表示機器等を用意したりすること。

○管理する施設・敷地内において，車椅子利用者のためにキャスター上げ等の補助をし，又は段差に携帯スロープを渡すこと。

○配架棚の高い所に置かれた図書やパンフレット等を取って渡したり，図書やパンフレット等の位置を分かりやすく伝えたりすること。

○疲労を感じやすい障害者から別室での休憩の申出があった際，別室の確保が困難である場合に，当該障害者に事情を説明し，対応窓口の近くに長椅子を移動させて臨時の休憩スペースを設けること。

○移動に困難のある学生等のために，通学のための駐車場を確保したり，参加する授業で使用する教室をアクセスしやすい場所に変更したりすること。

○聴覚過敏の児童生徒等のために教室の机・椅子の脚に緩衝材を付けて雑音を軽減する，視覚情報の処理が苦手な児童生徒等のために黒板周りの掲示物等の情報量を減らすなど，個別の事案ごとに特性に応じて教室環境を変更すること。

②主として人的支援の配慮に関するもの

○目的の場所までの案内の際に，障害者の歩行速度に合わせた速度で歩いたり，介助する位置（左右・前後・距離等）について，障害者の希望を聞いたりすること。

○介助等を行う学生（以下「支援学生」という。），保護者，支援員等の教室への入室，授業や試験でのパソコン入力支援，移動支援，待合室での待機を許可すること。

（2）意思疎通の配慮の具体例

○学校，社会教育施設，スポーツ施設，文化施設等において，筆談，要約筆記，読み上げ，手話，点字など多様なコミュニケーション手段や分かりやすい表現を使って説明をするなどの意思疎通の配慮を行うこと。

○情報保障の観点から，見えにくさに応じた情報の提供（聞くことで内容が理解できる説明・資料や，拡大コピー，拡大文字又は点字を用いた資料，遠くのものや動きの速いものなど触ることができないものを確認できる模型や写真等の提供），聞こえにくさに応じた視覚的な情報の提供，見えにくさと聞こえにくさの両方がある場合に応じた情報の提供（手のひらに文字を書いて伝える等），知的障害に配慮した情報の提供（伝える内容の要点を筆記する，漢字にルビを振る，単語や文節の区切りに空白を挟んで記述する「分かち書き」にする，なじみのない外来語は避ける等）を行うこと。また，その際，各媒体間でページ番号等が異なり得ることに留意して使用すること。

○知的障害のある利用者等に対し，抽象的な言葉ではなく，具体的な言葉を使うこと。例えば，サービスを受ける際の「手続」や「申請」など生活上必要な言葉等の意味を具体的に説明して，当該利用者等が理解しているかを確認すること。

○子供である障害者又は知的障害，発達障害，言語障害等により言葉だけを聞いて理解することや意思疎通が困難な障害者に対し，絵や写真カード，コミュニケーションボード，タブレット端末等の ICT 機器の活用，視覚的に伝えるための情報の文字化，質問内容を「はい」又は「いいえ」で端的に答えられるようにすることなどにより意思を確認したり，本人の自己選択・自己決定を支援したりすること。

○比喩表現等の理解が困難な障害者に対し，比喩や暗喩，二重否定表現などを用いずに説明すること。

（3）ルール・慣行の柔軟な変更の具体例

○学校，社会教育施設，スポーツ施設，文化施設等において，事務手続の際に，職員や教員，支援学生等が必要書類の代筆を行うこと。

○障害者が立って列に並んで順番を待っている場合に，周囲の理解を得た上で，当該障害者の順番が来るまで別室や席を用意すること。

○他人との接触，多人数の中にいることによる緊張のため，不随意の発声等がある場合，緊張を緩和するため，当該障害者に説明の上，施設の状況に応じて別室を用意すること。

○学校，文化施設等において，板書やスクリーン等がよく見えるように，黒板等に近い席を確保すること。

資料

○スポーツ施設，文化施設等において，移動に困難のある障害者を早めに入場させ席に誘導したり，車椅子を使用する障害者の希望に応じて，決められた車椅子用以外の客席も使用できるようにしたりすること。

○入学試験や検定試験において，本人・保護者の希望，障害の状況等を踏まえ，別室での受験，試験時間の延長，点字や拡大文字，音声読み上げ機能の使用等を許可すること。

○点字や拡大文字，音声読み上げ機能を使用して学習する児童生徒等のために，授業で使用する教科書や資料，問題文を点訳又は拡大したものやテキストデータを事前に渡すこと。

○聞こえにくさのある児童生徒等に対し，外国語のヒアリングの際に，音質・音量を調整したり，文字による代替問題を用意したりすること。

○知的発達の遅れにより学習内容の習得が困難な児童生徒等に対し，理解の程度に応じて，視覚的に分かりやすい教材を用意すること。

○肢体不自由のある児童生徒等に対し，体育の授業の際に，上・下肢の機能に応じてボール運動におけるボールの大きさや投げる距離を変えたり，走運動における走る距離を短くしたり，スポーツ用車椅子の使用を許可したりすること。

○日常的に医療的ケアを要する児童生徒等に対し，本人が対応可能な場合もあることなどを含め，配慮を要する程度には個人差があることに留意して，医療機関や本人が日常的に支援を受けている介助者等と連携を図り，個々の状態や必要な支援を丁寧に確認し，過剰に活動の制限等をしないようにすること。

○慢性的な病気等のために他の児童生徒等と同じように運動ができない児童生徒等に対し，運動量を軽減したり，代替できる運動を用意したりするなど，病気等の特性を理解し，過度に予防又は排除をすることなく，参加するための工夫をすること。

○治療等のため学習できない期間が生じる児童生徒等に対し，補講を行うなど，学習機会を確保する方法を工夫すること。

○読み・書き等に困難のある児童生徒等のために，授業や試験でのタブレット端末等のICT機器使用を許可したり，筆記に代えて口頭試問による学習評価を行ったりすること。

○発達障害等のため，人前での発表が困難な児童生徒等に対し，代替措置としてレポートを課したり，発表を録画したもので学習評価を行ったりすること。

○学校生活全般において，適切な対人関係の形成に困難がある児童生徒等のために，能動的な学習活動などにおいてグループを編成する時には，事前に伝えたり，場合によっては本人の意向を確認したりすること。また，こだわりのある児童生徒等のために，話し合いや発表などの場面において，意思を伝えることに時間を要する場合があることを考慮して，時間を十分に確保したり個別に対応したりすること。

○理工系の実験，地質調査のフィールドワークなどでグループワークができない学生等や，実験の手順や試薬を混同するなど，作業が危険な学生等に対し，個別の実験時間や実習課題を設定したり，個別のティーチング・アシスタント等を付けたりすること。

［資料6］

共生社会の形成に向けたインクルーシブ教育システム
構築のための特別支援教育の推進（報告） 概要
（平成24.7.23　初等中等教育分科会）

はじめに

　障害者の権利に関する条約の国連における採択，政府の障害者制度改革の動き，中央教育審議会での審議，障害者基本法の改正等について記述

1．共生社会の形成に向けて

（1）共生社会の形成に向けたインクルーシブ教育システムの構築

　「共生社会」とは，これまで必ずしも十分に社会参加できるような環境になかった障害者等が，積極的に参加・貢献していくことができる社会である。それは，誰もが相互に人格と個性を尊重し支え合い，人々の多様な在り方を相互に認め合える全員参加型の社会である。このような社会を目指すことは，我が国において最も積極的に取り組むべき重要な課題である。

　障害者の権利に関する条約第24条によれば，「インクルーシブ教育システム」（inclusive education system，署名時仮訳：包容する教育制度）とは，人間の多様性の尊重等の強化，障害者が精神的及び身体的な能力等を可能な最大限度まで発達させ，自由な社会に効果的に参加することを可能とするとの目的の下，障害のある者と障害のない者が共に学ぶ仕組みであり，障害のある者が「general education system」（署名時仮訳：教育制度一般）から排除されないこと，自己の生活する地域において初等中等教育の機会が与えられること，個人に必要な「合理的配慮」が提供される等が必要とされている。

　共生社会の形成に向けて，障害者の権利に関する条約に基づくインクルーシブ教育システムの理念が重要であり，その構築のため，特別支援教育を着実に進めていく必要があると考える。

　インクルーシブ教育システムにおいては，同じ場で共に学ぶことを追求するとともに，個別の教育的ニーズのある幼児児童生徒に対して，自立と社会参加を見据えて，その時点で教育的ニーズに最も的確に応える指導を提供できる，多様で柔軟な仕組みを整備することが重要である。小・中学校における通常の学級，通級による指導，特別支援学級，特別支援学校といった，連続性のある「多様な学びの場」を用意しておくことが必要である。

（2）インクルーシブ教育システム構築のための特別支援教育の推進

　特別支援教育は，共生社会の形成に向けて，インクルーシブ教育システム構築のために必要不可欠なものである。そのため，以下の○1から○3までの考え方に基づき，特別支援教育を発展させていくことが必要である。このような形で特別支援教育を推進していくことは，子ども一人一人の教育的ニーズを把握し，適切な指導及び必要な支援を行うものであり，この観点から教育を進めていくことにより，障害のある子どもにも，障害があることが周囲から認識さ

れていないものの学習上又は生活上の困難のある子どもにも，更にはすべての子どもにとっても，良い効果をもたらすことができるものと考えられる。

　　○1　障害のある子どもが，その能力や可能性を最大限に伸ばし，自立し社会参加することができるよう，医療，保健，福祉，労働等との連携を強化し，社会全体の様々な機能を活用して，十分な教育が受けられるよう，障害のある子どもの教育の充実を図ることが重要である。

　　○2　障害のある子どもが，地域社会の中で積極的に活動し，その一員として豊かに生きることができるよう，地域の同世代の子どもや人々の交流等を通して，地域での生活基盤を形成することが求められている。このため，可能な限り共に学ぶことができるよう配慮することが重要である。

　　○3　特別支援教育に関連して，障害者理解を推進することにより，周囲の人々が，障害のある人や子どもと共に学び合い生きる中で，公平性を確保しつつ社会の構成員としての基礎を作っていくことが重要である。次代を担う子どもに対し，学校において，これを率先して進めていくことは，インクルーシブな社会の構築につながる。

　　基本的な方向性としては，障害のある子どもと障害のない子どもが，できるだけ同じ場で共に学ぶことを目指すべきである。その場合には，それぞれの子どもが，授業内容が分かり学習活動に参加している実感・達成感を持ちながら，充実した時間を過ごしつつ，生きる力を身に付けていけるかどうか，これが最も本質的な視点であり，そのための環境整備が必要である。

（3）共生社会の形成に向けた今後の進め方

　　今後の進め方については，施策を短期（「障害者の権利に関する条約」批准まで）と中長期（同条約批准後の10年間程度）に整理した上で，段階的に実施していく必要がある。

短期：

　　就学相談・就学先決定の在り方に係る制度改革の実施，教職員の研修等の充実，当面必要な環境整備の実施。「合理的配慮」の充実のための取組。それらに必要な財源を確保して順次実施。

中長期：

　　短期の施策の進捗状況を踏まえ，追加的な環境整備や教職員の専門性向上のための方策を検討していく。最終的には，条約の理念が目指す共生社会の形成に向けてインクルーシブ教育システムを構築していくことを目指す。

2．就学相談・就学先決定の在り方について

（1）早期からの教育相談・支援

　　子ども一人一人の教育的ニーズに応じた支援を保障するためには，乳幼児期を含め早期からの教育相談や就学相談を行うことにより，本人・保護者に十分な情報を提供するとともに，幼稚園等において，保護者を含め関係者が教育的ニーズと必要な支援について共通理解を深めることにより，保護者の障害受容につなげ，その後の円滑な支援にもつなげていくことが重要である。また，本人・保護者と市町村教育委員会，学校等が，教育的ニーズと必要な支援につい

て合意形成を図っていくことが重要である。

　乳児期から幼児期にかけて，子どもが専門的な教育相談・支援が受けられる体制を医療，保健，福祉等との連携の下に早急に確立することが必要であり，それにより，高い教育効果が期待できる。

（2）就学先決定の仕組み

　就学基準に該当する障害のある子どもは特別支援学校に原則就学するという従来の就学先決定の仕組みを改め，障害の状態，本人の教育的ニーズ，本人・保護者の意見，教育学，医学，心理学等専門的見地からの意見，学校や地域の状況等を踏まえた総合的な観点から就学先を決定する仕組みとすることが適当である。その際，市町村教育委員会が，本人・保護者に対し十分情報提供をしつつ，本人・保護者の意見を最大限尊重し，本人・保護者と市町村教育委員会，学校等が教育的ニーズと必要な支援について合意形成を行うことを原則とし，最終的には市町村教育委員会が決定することが適当である。

　現在，多くの市町村教育委員会に設置されている「就学指導委員会」については，早期からの教育相談・支援や就学先決定時のみならず，その後の一貫した支援についても助言を行うという観点から，「教育支援委員会」（仮称）といった名称とすることが適当である。「教育支援委員会」（仮称）については，機能を拡充し，一貫した支援を目指す上で重要な役割を果たすことが期待される。

　就学時に決定した「学びの場」は固定したものではなく，それぞれの児童生徒の発達の程度，適応の状況等を勘案しながら柔軟に転学ができることを，すべての関係者の共通理解とすることが重要である。

　就学相談の初期の段階で，就学先決定についての手続の流れや就学先決定後も柔軟に転学できることなどについて，本人・保護者にあらかじめ説明を行うことが必要である（就学に関するガイダンス）。

　本人・保護者と市町村教育委員会，学校等の意見が一致しない場合については，例えば，本人・保護者の要望を受けた市町村教育委員会からの依頼に基づき，都道府県教育委員会が，市町村教育委員会への指導・助言の一環として，都道府県教育委員会の「教育支援委員会」（仮称）に第三者的な有識者を加えて活用することも考えられる。

（3）一貫した支援の仕組み

　可能な限り早期から成人に至るまでの一貫した指導・支援ができるように，子どもの成長記録や指導内容等に関する情報を，その扱いに留意しつつ，必要に応じて関係機関が共有し活用することが必要である。

（4）就学先相談，就学先決定に係る国・都道府県教育委員会の役割

　都道府県教育委員会の就学先決定に関わる相談・助言機能を強化する必要がある。

　就学相談については，それぞれの自治体の努力に任せるだけでは限界があることから，国において，何らかのモデル的な取組を示すとともに，具体例の共有化を進めることが必要であ

る。

３．障害のある子どもが十分に教育を受けられるための合理的配慮及びその基礎となる環境整備

（１）「合理的配慮」について

　条約の定義に照らし，本特別委員会における「合理的配慮」とは，「障害のある子どもが，他の子どもと平等に「教育を受ける権利」を享有・行使することを確保するために，学校の設置者及び学校が必要かつ適当な変更・調整を行うことであり，障害のある子どもに対し，その状況に応じて，学校教育を受ける場合に個別に必要とされるもの」であり，「学校の設置者及び学校に対して，体制面，財政面において，均衡を失した又は過度の負担を課さないもの」，と定義した。なお，障害者の権利に関する条約において，「合理的配慮」の否定は，障害を理由とする差別に含まれるとされていることに留意する必要がある。

　障害のある子どもに対する支援については，法令に基づき又は財政措置により，国は全国規模で，都道府県は各都道府県内で，市町村は各市町村内で，教育環境の整備をそれぞれ行う。これらは，「合理的配慮」の基礎となる環境整備であり，それを「基礎的環境整備」と呼ぶこととする。これらの環境整備は，その整備の状況により異なるところではあるが，これらを基に，設置者及び学校が，各学校において，障害のある子どもに対し，その状況に応じて，「合理的配慮」を提供する。

　「合理的配慮」の決定に当たっては，障害者の権利に関する条約第24条第１項にある，人間の多様性の尊重等の強化，障害者が精神的及び身体的な能力等を可能な最大限度まで発達させ，自由な社会に効果的に参加することを可能とするといった目的に合致するかどうかの観点から検討が行われることが重要である。

　「合理的配慮」は，一人一人の障害の状態や教育的ニーズ等に応じて決定されるものであり，設置者・学校と本人・保護者により，発達の段階を考慮しつつ，「合理的配慮」の観点を踏まえ，「合理的配慮」について可能な限り合意形成を図った上で決定し，提供されることが望ましく，その内容を個別の教育支援計画に明記することが望ましい。なお，設置者・学校と本人・保護者の意見が一致しない場合には，「教育支援委員会」（仮称）の助言等により，その解決を図ることが望ましい。また，学校・家庭・地域社会における教育が十分に連携し，相互に補完しつつ，一体となって営まれることが重要であることを共通理解とすることが重要である。さらに，「合理的配慮」の決定後も，幼児児童生徒一人一人の発達の程度，適応の状況等を勘案しながら柔軟に見直しができることを共通理解とすることが重要である。

　移行時における情報の引継ぎを行い，途切れることのない支援を提供することが必要である。

（２）「基礎的環境整備」について

　「合理的配慮」の充実を図る上で，「基礎的環境整備」の充実は欠かせない。そのため，必要な財源を確保し，国，都道府県，市町村は，インクルーシブ教育システムの構築に向けた取組

として,「基礎的環境整備」の充実を図っていく必要がある。

　共生社会の形成に向けた国民の共通理解を一層進め,インクルーシブ教育システム構築のための施策の優先順位を上げていくことが必要である。

（3）学校における「合理的配慮」の観点

　「合理的配慮」の観点について整理するとともに,障害種別の「合理的配慮」は,その代表的なものと考えられるものを例示している。示されているもの以外は提供する必要がないということではなく,一人一人の障害の状態や教育的ニーズ等に応じて決定されることが望ましい。

　現在必要とされている「合理的配慮」は何か,何を優先して提供するかなどについて,関係者間で共通理解を図る必要がある。

　複数の種類の障害を併せ有する場合には,各障害種別の「合理的配慮」を柔軟に組み合わせることが適当である。

（4）「合理的配慮」の充実

　これまで学校においては,障害のある児童生徒等への配慮は行われてきたものの,「合理的配慮」は新しい概念であり,現在,その確保についての理解は不十分であり,学校・教育委員会,本人・保護者の双方で情報が不足していると考えられる。そのため,早急に「合理的配慮」の充実に向けた調査研究事業を行い,それに基づく国としての「合理的配慮」のデータベースを整備し,各教育委員会の参考に供することが必要である。また,中長期的には,それらを踏まえて,「合理的配慮」,「基礎的環境整備」を充実させていくことが重要であり,必要に応じて,学校における「合理的配慮」の観点や代表的なものと考えられる例を見直していくことが考えられる。

　「合理的配慮」は,その障害のある子どもが十分な教育が受けられるために提供できているかという観点から評価することが重要であり,それについても研究していくことが重要である。例えば,個別の教育支援計画,個別の指導計画について,各学校において計画に基づき実行した結果を評価して定期的に見直すなど,PDCAサイクルを確立させていくことが重要である。

４．多様な学びの場の整備と学校間連携等の推進

（1）多様な学びの場の整備と教職員の確保

　多様な学びの場として,通常の学級,通級による指導,特別支援学級,特別支援学校それぞれの環境整備の充実を図っていくことが必要である。

　通常の学級においては,少人数学級の実現に向けた取組や複数教員による指導など指導方法の工夫改善を進めるべきである。

　特別支援教育により多様な子どものニーズに的確に応えていくためには,教員だけの対応では限界がある。校長のリーダーシップの下,校内支援体制を確立し,学校全体で対応する必要があることは言うまでもないが,その上で,例えば,公立義務教育諸学校の学級編制及び教職

員定数の標準に関する法律に定める教職員に加えて，特別支援教育支援員の充実，さらには，スクールカウンセラー，スクールソーシャルワーカー，ST（言語聴覚士），OT（作業療法士），PT（理学療法士）等の専門家の活用を図ることにより，障害のある子どもへの支援を充実させることが必要である。

医療的ケアの観点からの看護師等の専門家についても，必要に応じ確保していく必要がある。

通級による指導を行うための教職員体制の充実が必要である。

幼稚園，高等学校における環境整備の充実のため，特別支援学校のセンター的機能の活用等により教員の研修を行うなど，各都道府県教育委員会が環境を整えていくことが重要である。

（2）学校間連携の推進

域内の教育資源の組合せ（スクールクラスター）により，域内のすべての子ども一人一人の教育的ニーズに応え，各地域におけるインクルーシブ教育システムを構築することが必要である。

特別支援学校は，小・中学校等の教員への支援機能，特別支援教育に関する相談・情報提供機能，障害のある児童生徒等への指導・支援機能，関係機関等との連絡・調整機能，小・中学校等の教員に対する研修協力機能，障害のある児童生徒等への施設設備等の提供機能といったセンター的機能を有している。今後，域内の教育資源の組合せ（スクールクラスター）の中でコーディネーター機能を発揮し，通級による指導など発達障害をはじめとする障害のある児童生徒等への指導・支援機能を拡充するなど，インクルーシブ教育システムの中で重要な役割を果たすことが求められる。そのため，センター的機能の一層の充実を図るとともに，専門性の向上にも取り組む必要がある。

域内の教育資源の組合せ（スクールクラスター）や特別支援学校のセンター的機能を効果的に発揮するため，各特別支援学校の役割分担を，地域別や機能別といった形で，明確化しておくことが望ましく，そのための特別支援学校ネットワークを構築することが必要である。

（3）交流及び共同学習の推進

特別支援学校と幼・小・中・高等学校等との間，また，特別支援学級と通常の学級との間でそれぞれ行われる交流及び共同学習は，特別支援学校や特別支援学級に在籍する障害のある児童生徒等にとっても，障害のない児童生徒等にとっても，共生社会の形成に向けて，経験を広め，社会性を養い，豊かな人間性を育てる上で，大きな意義を有するとともに，多様性を尊重する心を育むことができる。

特別支援学校と幼・小・中・高等学校等との間で行われる交流及び共同学習については，双方の学校における教育課程に位置付けたり，年間指導計画を作成したりするなど交流及び共同学習の更なる計画的・組織的な推進が必要である。その際，関係する都道府県教育委員会，市町村教育委員会等との連携が重要である。また，特別支援学級と通常の学級との間で行われる交流及び共同学習についても，各学校において，ねらいを明確にし，教育課程に位置付けた

り，年間指導計画を作成したりするなど計画的・組織的な推進が必要である。

（4）関係機関等との連携

　医療，保健，福祉，労働等の関係機関等との適切な連携が重要である。このためには，関係行政機関等の相互連携の下で，広域的な地域支援のための有機的なネットワークが形成されることが有効である。

5．特別支援教育を充実させるための教職員の専門性向上等

（1）教職員の専門性の確保

　インクルーシブ教育システム構築のため，すべての教員は，特別支援教育に関する一定の知識・技能を有していることが求められる。特に発達障害に関する一定の知識・技能は，発達障害の可能性のある児童生徒の多くが通常の学級に在籍していることから必須である。これについては，教員養成段階で身に付けることが適当であるが，現職教員については，研修の受講等により基礎的な知識・技能の向上を図る必要がある。

　すべての教員が多岐にわたる専門性を身に付けることは困難なことから，必要に応じて，外部人材の活用も行い，学校全体としての専門性を確保していくことが必要である。

（2）各教職員の専門性，養成・研修制度等の在り方

　学校全体としての専門性を確保していく上で，校長等の管理職のリーダーシップは欠かせない。また，各学校を支援する，教育委員会の指導主事等の役割も大きい。このことから，校長等の管理職や教育委員会の指導主事等を対象とした研修を実施していく必要がある。

　特別支援学校教員の特別支援学校教諭免許状（当該障害種又は自立教科の免許状）取得率は約7割となっており，特別支援学校における教育の質の向上の観点から，取得率の向上による担当教員としての専門性を早急に担保することが必要である。このため，養成，採用においては，その取得について留意すべきである。特に現職教員については，免許法認定講習の受講促進等の取組を進めるとともに，その後も研修を通じた専門性の向上を図ることが必要である。

　特別支援学級や通級による指導の担当教員は，特別支援教育の重要な担い手であり，その専門性が校内の他の教員に与える影響も極めて大きい。このため，専門的な研修の受講等により，担当教員としての専門性を早急に担保するとともに，その後も研修を通じた専門性の向上を図ることが必要である。

（3）教職員への障害のある者の採用・人事配置

　「共生社会」とは，これまで必ずしも十分に社会参加できるような環境になかった障害のある者等が，積極的に参加・貢献していくことができる社会であり，学校においても，障害のある者が教職員という職業を選択することができるよう環境整備を進めていくことが必要である。

資料

[資料7]
共生社会の形成に向けたインクルーシブ教育システム
構築のための特別支援教育の推進（報告）　別表
（平成24.7.23　文部科学省初等中等教育分科会）

別表1

○1－1－1　学習上又は生活上の困難を改善・克服するための配慮

障害による学習上又は生活上の困難を主体的に改善・克服するため，また，個性や障害の特性に応じて，その持てる力を高めるため，必要な知識，技能，態度，習慣を身に付けられるよう支援する。

視覚障害	見えにくさを補うことができるようにするための指導を行う。（弱視レンズ等の効果的な活用，他者へ積極的に関わる意欲や態度の育成，見えやすい環境を知り自ら整えることができるようにする　等）
聴覚障害	聞こえにくさを補うことができるようにするための指導を行う。（補聴器等の効果的な活用，相手や状況に応じた適切なコミュニケーション手段（身振り，簡単な手話等）の活用に関すること　等）
知的障害	できるだけ実生活につながる技術や態度を身に付けられるようにするとともに，社会生活上の規範やルールの理解を促すための指導を行う。
肢体不自由	道具の操作の困難や移動上の制約等を改善できるように指導を行う。（片手で使うことができる道具の効果的な活用，校内の移動しにくい場所の移動方法について考えること及び実際の移動の支援　等）
病弱	服薬管理や環境調整，病状に応じた対応等ができるよう指導を行う。（服薬の意味と定期的な服薬の必要性の理解，指示された服薬量の徹底，眠気を伴い危険性が生じるなどの薬の副作用の理解とその対応，必要に応じた休憩など病状に応じた対応　等）
言語障害	話すことに自信をもち積極的に学習等に取り組むことができるようにするための発音の指導を行う。（一斉指導における個別的な発音の指導，個別指導による音読，九九の発音等の指導）
自閉症・情緒障害	自閉症の特性である「適切な対人関係形成の困難さ」「言語発達の遅れや異なった意味理解」「手順や方法に独特のこだわり」等により，学習内容の習得の困難さを補完する指導を行う。（動作等を利用して意味を理解する，繰り返し練習をして道具の使い方を正確に覚える等）
学習障害	読み書きや計算等に関して苦手なことをできるようにする，別の方法で代替する，他の能力で補完するなどに関する指導を行う。（文字の形を見分けることをできるようにする，パソコン，デジカメ等の使用，口頭試問による評価　等）

注意欠陥多動性障害	行動を最後までやり遂げることが困難な場合には，途中で忘れないように工夫したり，別の方法で補ったりするための指導を行う。(自分を客観視する，物品の管理方法の工夫，メモの使用　等)

別表2

○1－1－2　学習内容の変更・調整

認知の特性，身体の動き等に応じて，具体の学習活動の内容や量，評価の方法等を工夫する。障害の状態，発達の段階，年齢等を考慮しつつ，卒業後の生活や進路を見据えた学習内容を考慮するとともに，学習過程において人間関係を広げることや自己選択・自己判断の機会を増やすこと等に留意する。

視覚障害	視覚による情報が受容しにくいことを考慮した学習内容の変更・調整を行う。(状況等の丁寧な説明，複雑な図の理解や読むことに時間がかかること等を踏まえた時間延長，観察では必要に応じて近づくことや触感覚の併用，体育等における安全確保　等)
聴覚障害	音声による情報が受容しにくいことを考慮した学習内容の変更・調整を行う。(外国語のヒアリング等における音質・音量調整，学習室の変更，文字による代替問題の用意，球技等運動競技における音による合図を視覚的に表示　等)
知的障害	知的発達の遅れにより，全般的に学習内容の習得が困難な場合があることから，理解の程度に応じた学習内容の変更・調整を行う。(焦点化を図ること，基礎的・基本的な学習内容を重視すること，生活上必要な言葉等の意味を確実に理解できるようにすること　等)
肢体不自由	上肢の不自由により時間がかかることや活動が困難な場合の学習内容の変更・調整を行う。(書く時間の延長，書いたり計算したりする量の軽減，体育等での運動の内容を変更　等)
病弱	病気により実施が困難な学習内容等について，主治医からの指導・助言や学校生活管理指導表に基づいた変更・調整を行う。(習熟度に応じた教材の準備，実技を実施可能なものに変更，入院等による学習空白を考慮した学習内容に変更・調整，アレルギー等のために使用できない材料を別の材料に変更　等)
言語障害	発音のしにくさ等を考慮した学習内容の変更・調整を行う。(教科書の音読や音楽の合唱等における個別的な指導，書くことによる代替，構音指導を意識した教科指導　等)
自閉症・情緒障害	自閉症の特性により，数量や言葉等の理解が部分的であったり，偏っていたりする場合の学習内容の変更・調整を行う。(理解の程度を考慮した基礎的・基本的な内容の確実な習得，社会適応に必要な技術や態度を身に付けること　等)
学習障害	「読む」「書く」等特定の学習内容の習得が難しいので，基礎的な内容の習得を確実にすることを重視した学習内容の変更・調整を行う。

	（習熟のための時間を別に設定，軽重をつけた学習内容の配分　等）
注意欠陥多動性障害	注意の集中を持続することが苦手であることを考慮した学習内容の変更・調整を行う。（学習内容を分割して適切な量にする　等）

別表 3

○1－2－1　情報・コミュニケーション及び教材の配慮

障害の状態等に応じた情報保障やコミュニケーションの方法について配慮するとともに，教材（ICT 及び補助用具を含む）の活用について配慮する。

視覚障害	見えにくさに応じた教材及び情報の提供を行う。（聞くことで内容が理解できる説明や資料，拡大コピー，拡大文字を用いた資料，触ることができないもの（遠くのものや動きの速いもの等）を確認できる模型や写真　等）また，視覚障害を補う視覚補助具や ICT を活用した情報の保障を図る。（画面拡大や色の調整，読み上げソフトウェア等）
聴覚障害	聞こえにくさに応じた視覚的な情報の提供を行う。（分かりやすい板書，教科書の音読箇所の位置の明示，要点を視覚的な情報で提示，身振り，簡単な手話等の使用　等）また，聞こえにくさに応じた聴覚的な情報・環境の提供を図る。（座席の位置，話者の音量調整，机・椅子の脚のノイズ軽減対策（使用済みテニスボールの利用等），防音環境のある指導室，必要に応じて FM 式補聴器等の使用　等）
知的障害	知的発達の遅れに応じた分かりやすい指示や教材・教具を提供する。（文字の拡大や読み仮名の付加，話し方の工夫，文の長さの調整，具体的な用語の使用，動作化や視覚化の活用，数量等の理解を促すための絵カードや文字カード，数え棒，パソコンの活用　等）
肢体不自由	書字や計算が困難な子どもに対し上肢の機能に応じた教材や機器を提供する。（書字の能力に応じたプリント，計算ドリルの学習にパソコンを使用，話し言葉が不自由な子どもにはコミュニケーションを支援する機器（文字盤や音声出力型の機器等）の活用　等）
病弱	病気のため移動範囲や活動量が制限されている場合に，ICT 等を活用し，間接的な体験や他の人とのコミュニケーションの機会を提供する。（友達との手紙やメールの交換，テレビ会議システム等を活用したリアルタイムのコミュニケーション，インターネット等を活用した疑似体験　等）
言語障害	発音が不明瞭な場合には，代替手段によるコミュニケーションを行う。（筆談，ICT 機器の活用等）
自閉症・情緒障害	自閉症の特性を考慮し，視覚を活用した情報を提供する。（写真や図面，模型，実物等の活用）また，細かな制作等に苦手さが目立つ場合が多いことから，扱いやすい道具を用意したり，補助具を効果的に利用したりする。

学習障害	読み書きに時間がかかる場合，本人の能力に合わせた情報を提供する。（文章を読みやすくするために体裁を変える，拡大文字を用いた資料，振り仮名をつける，音声やコンピュータの読み上げ，聴覚情報を併用して伝える　等）
注意欠陥多動性障害	聞き逃しや見逃し，書類の紛失等が多い場合には伝達する情報を整理して提供する。（掲示物の整理整頓・精選，目を合わせての指示，メモ等の視覚情報の活用，静かで集中できる環境づくり　等）
重複障害	（視覚障害と聴覚障害）障害の重複の状態と学習の状況に応じた適切なコミュニケーション手段を選択するとともに，必要に応じて状況説明を含めた情報提供を行う。（補聴器，弱視レンズ，拡大文字，簡単な手話の効果的な活用　等）

別表4

○1−2−2　学習機会や体験の確保

治療のため学習空白が生じることや障害の状態により経験が不足することに対し，学習機会や体験を確保する方法を工夫する。また，感覚と体験を総合的に活用できる学習活動を通じて概念形成を促進する。さらに，入学試験やその他の試験において配慮する。

視覚障害	見えにくさからの概念形成の難しさを補うために，実物や模型に触る等能動的な学習活動を多く設ける。また，気付きにくい事柄や理解しにくい事柄（遠かったり大きかったりして触れないもの，動くものとその動き方等）の状況を説明する。さらに，学習の予定を事前に知らせ，学習の過程や状況をその都度説明することで，主体的に状況の判断ができるように指導を行う。
聴覚障害	言語経験が少ないことによる，体験と言葉の結び付きの弱さを補うための指導を行う。（話合いの内容を確認するため書いて提示し読ませる，慣用句等言葉の表記と意味が異なる言葉の指導等）また，日常生活で必要とされる様々なルールや常識等の理解，あるいはそれに基づいた行動が困難な場合があるので，実際の場面を想定し，行動の在り方を考えさせる。
知的障害	知的発達の遅れにより，実際的な生活に役立つ技術や態度の習得が困難であることから，調理実習や宿泊学習等の具体的な活動場面において，生活力が向上するように指導するとともに，学習活動が円滑に進むように，図や写真を活用した日課表や活動予定表等を活用し，自主的に判断し見通しをもって活動できるように指導を行う。
肢体不自由	経験の不足から理解しにくいことや移動の困難さから参加が難しい活動については，一緒に参加することができる手段等を講じる。（新しい単元に入る前に新出の語句や未経験と思われる活動のリストを示し予習できるようにする，車いす使用の子どもが栽培活動に参加できるよう高い位置に花壇を作る　等）

病弱	入院時の教育の機会や短期間で入退院を繰り返す児童生徒の教育の機会を確保する。その際，体験的な活動を通して概念形成を図るなど，入院による日常生活や集団活動等の体験不足を補うことができるように指導する。（視聴覚教材等の活用，ビニール手袋を着用して物に直接触れるなど感染症対策を考慮した指導，テレビ会議システム等を活用した遠隔地の友達と協働した取組　等）
言語障害	発音等の不明瞭さによる自信の喪失を軽減するために，個別指導の時間等を確保し，音読，九九の発音等の指導を行う。
自閉症・情緒障害	自閉症の特性により，実際に体験しなければ，行動等の意味を理解することが困難であることから，実際的な体験の機会を多くするとともに，言葉による指示だけでは行動できないことが多いことから，学習活動の順序を分かりやすくなるよう活動予定表等の活用を行う。
学習障害	身体感覚の発達を促すために活動を通した指導を行う。（体を大きく使った活動，様々な感覚を同時に使った活動　等）また，活動内容を分かりやすく説明して安心して参加できるようにする。
注意欠陥多動性障害	好きなものと関連付けるなど興味・関心が持てるように学習活動の導入を工夫し，危険防止策を講じた上で本人が直接参加できる体験学習を通した指導を行う。

別表5

○1－2－3　心理面・健康面の配慮

適切な人間関係を構築するため，集団におけるコミュニケーションについて配慮するとともに，他の幼児児童生徒が障害について理解を深めることができるようにする。学習に見通しが持てるようにしたり，周囲の状況を判断できるようにしたりして心理的不安を取り除く。また，健康状態により，学習内容・方法を柔軟に調整し，障害に起因した不安感や孤独感を解消し自己肯定感を高める。
学習の予定や進め方を分かりやすい方法で知らせておくことや，それを確認できるようにすることで，心理的不安を取り除くとともに，周囲の状況を判断できるようにする。

視覚障害	自己の視覚障害を理解し，眼疾の進行や事故を防止できるようにするとともに，身の回りの状況が分かりやすい校内の環境作りを図り，見えにくい時には自信をもって尋ねられるような雰囲気を作る。また，視覚に障害がある児童生徒等が集まる交流の機会の情報提供を行う。
聴覚障害	情報が入らないことによる孤立感を感じさせないような学級の雰囲気作りを図る。また，通常の学級での指導に加え，聴覚に障害がある児童生徒等が集まる交流の機会の情報提供を行う。
知的障害	知的発達の遅れ等によって，友人関係を十分には形成できないことや，年齢が高まるにつれて友人関係の維持が困難になることもあることから，集団の一員として帰属意識がもてるような機会を確保するとともに，自尊感情や自己肯定感，ストレス等の状態を踏まえた適切な対応を図る。

資料7

肢体不自由	下肢の不自由による転倒のしやすさ，車いす使用に伴う健康上の問題等を踏まえた支援を行う。（体育の時間における膝や肘のサポーターの使用，長距離の移動時の介助者の確保，車いす使用時に必要な1日数回の姿勢の変換及びそのためのスペースの確保　等）
病弱	入院や手術，病気の進行への不安等を理解し，心理状態に応じて弾力的に指導を行う。（治療過程での学習可能な時期を把握し健康状態に応じた指導，アレルギーの原因となる物質の除去や病状に応じた適切な運動等について医療機関と連携した指導　等）
言語障害	言語障害（構音障害，吃音等）のある児童生徒等が集まる交流の機会の情報提供を行う。
自閉症・情緒障害	情緒障害のある児童生徒等の状態（情緒不安や不登校，ひきこもり，自尊感情や自己肯定感の低下等）に応じた指導を行う。（カウンセリング的対応や医師の診断を踏まえた対応　等）また，自閉症の特性により，二次的な障害として，情緒障害と同様の状態が起きやすいことから，それらの予防に努める。
学習障害	苦手な学習活動があることで，自尊感情が低下している場合には，成功体験を増やしたり，友達から認められたりする場面を設ける。（文章を理解すること等に時間がかかることを踏まえた時間延長，必要な学習活動に重点的な時間配分，受容的な学級の雰囲気作り，困ったときに相談できる人や場所の確保　等）
注意欠陥多動性障害	活動に持続的に取り組むことが難しく，また不注意による紛失等の失敗や衝動的な行動が多いので，成功体験を増やし，友達から認められる機会の増加に努める。（十分な活動のための時間の確保，物品管理のための棚等の準備，良い面を認め合えるような受容的な学級の雰囲気作り，感情のコントロール方法の指導，困ったときに相談できる人や場所の確保　等）
重複障害	（視覚障害と聴覚障害）見えにくく聞こえにくいことから多人数と同時にコミュニケーションが取りにくいため，学級内で孤立しないように，適時・適切な情報の提供を保障する。

別表6

○2―1　専門性のある指導体制の整備

校長がリーダーシップを発揮し，学校全体として専門性のある指導体制を確保することに努める。そのため，個別の教育支援計画や個別の指導計画を作成するなどにより，学校内外の関係者の共通理解を図るとともに，役割分担を行う。また，学習の場面等を考慮した校内の役割分担を行う。
必要に応じ，適切な人的配置（支援員等）を行うほか，学校内外の教育資源（通級による指導や特別支援学級，特別支援学校のセンター的機能，専門家チーム等による助言等）の活用や医療，福祉，労働等関係機関との連携を行う。

視覚障害	特別支援学校（視覚障害）のセンター的機能及び弱視特別支援学級，通級による指導等の専門性を積極的に活用する。また，眼科医からのアドバイスを日常生活で必要な配慮に生かすとともに，理解啓発に活用する。さらに，点字図書館等地域資源の活用を図る。
聴覚障害	特別支援学校（聴覚障害）のセンター的機能及び難聴特別支援学級，通級による指導等の専門性を積極的に活用する。また，耳鼻科，補聴器店，難聴児親の会，聴覚障害者協会等との連携による，理解啓発のための学習会や，児童生徒のための交流会の活用を図る。
知的障害	知的障害の状態は外部からは分かりにくいことから，専門家からの支援や，特別支援学校（知的障害）のセンター的機能及び特別支援学級等の専門性を積極的に活用する。また，てんかん等への対応のために，必要に応じて医療機関との連携を図る。
肢体不自由	体育担当教員，養護教諭，栄養職員，学校医を含むサポートチームが教育的ニーズを把握し支援の内容方法を検討する。必要に応じて特別支援学校（肢体不自由，知的障害）からの支援を受けるとともにPT，OT，ST等の指導助言を活用する。また，医療的ケアが必要な場合には看護師等，医療関係者との連携を図る。
病弱	学校生活を送る上で，病気のために必要な生活規制や必要な支援を明確にするとともに，急な病状の変化に対応できるように校内体制を整備する。（主治医や保護者からの情報に基づく適切な支援，日々の体調把握のための保護者との連携，緊急の対応が予想される場合の全教職員による支援体制の構築）また，医療的ケアが必要な場合には看護師等，医療関係者との連携を図る。
言語障害	特別支援学校（聴覚障害）のセンター的機能及び言語障害特別支援学級，通級による指導等の専門性を積極的に活用する。また，言語障害の専門家（ST等）との連携による指導の充実を図る。
自閉症・情緒障害	自閉症や情緒障害を十分に理解した専門家からの支援や，特別支援学校のセンター的機能及び自閉症・情緒障害特別支援学級，医療機関等の専門性を積極的に活用し，自閉症等の特性について理解を深められるようにする。
学習障害	特別支援学校や発達障害者支援センター，教育相談担当部署等の外部専門家からの助言等を生かし，指導の充実を図る。また，通級による指導等学校内の資源の有効活用を図る。
注意欠陥多動性障害	特別支援学校や発達障害者支援センター，教育相談担当部署等の外部専門家からの助言等を生かし，指導の充実を図る。また，通級による指導等学校内の資源の有効活用を図る。

○2－2　幼児児童生徒，教職員，保護者，地域の理解啓発を図るための配慮

障害のある幼児児童生徒に関して，障害によって日常生活や学習場面において様々な困難が生じることについて周囲の幼児児童生徒の理解啓発を図る。共生の理念を涵養するため，障害のある幼児児童生徒の集団参加の方法について，障害のない幼児児童生徒が考え実践する機会や障害のある幼児児童生徒自身が障害について周囲の人に理解を広げる方法等を考え実践する機会を設定する。また，保護者，地域に対しても理解啓発を図るための活動を行う。

視覚障害	その子特有の見えにくさ，使用する視覚補助具・教材について周囲の児童生徒，教職員，保護者への理解啓発に努める。
聴覚障害	使用する補聴器等や，多様なコミュニケーション手段について，周囲の児童生徒，教職員，保護者への理解啓発に努める。
知的障害	知的障害の状態は他者から分かりにくいこと，かつ，その特性としては，実体験による知識等の習得が必要であることから，それらの特性を踏まえた対応ができるように，周囲の児童生徒等や教職員，保護者への理解啓発に努める。
肢体不自由	移動や日常生活動作に制約があることや，移動しやすさを確保するために協力できることなどについて，周囲の児童生徒，教職員，保護者への理解啓発に努める。
病弱	病状によっては特別な支援を必要とするという理解を広め，病状が急変した場合に緊急な対応ができるよう，児童生徒，教職員，保護者の理解啓発に努める。（ペースメーカー使用者の運動制限など外部から分かりにくい病気とその病状を維持・改善するために必要な支援に関する理解，心身症や精神疾患等の特性についての理解，心臓発作やてんかん発作等への対応についての理解　等）
言語障害	構音障害，吃音等の理解，本人の心情理解等について，周囲の児童生徒，教職員，保護者への理解啓発に努める。
自閉症・情緒障害	他者からの働きかけを適切に受け止められないことがあることや言葉の理解が十分ではないことがあること，方法や手順に独特のこだわりがあること等について，周囲の児童生徒等や教職員，保護者への理解啓発に努める。
学習障害	努力によっても変わらない苦手なことや生まれつき得意なこと等，様々な個性があることや特定の感覚が過敏な場合もあること等について，周囲の児童生徒，教職員，保護者への理解啓発に努める。
注意欠陥多動性障害	不適切と受け止められやすい行動についても，本人なりの理由があることや，生まれつきの特性によること，危険な行動等の安全な制止，防止の方策等について，周囲の児童生徒，教職員，保護者への理解啓発に努める。

別表8

○2－3　災害時等の支援体制の整備

災害時等の対応について，障害のある幼児児童生徒の状態を考慮し，危機の予測，避難方法，災害時の人的体制等，災害時体制マニュアルを整備する。また，災害時等における対応が十分にできるよう，避難訓練等の取組に当たっては，一人一人の障害の状態等を考慮する。

視覚障害	見えにくさに配慮して災害とその際の対応や避難について理解できるようにするとともに，緊急時の安全確保ができる校内体制を整備する。
聴覚障害	放送等による避難指示を聞き取ることができない児童生徒に対し，緊急時の安全確保と避難誘導等を迅速に行うための校内体制を整備する。
知的障害	適切な避難等の行動の仕方が分からず，極度に心理状態が混乱することを想定した避難誘導のための校内体制を整備する。
肢体不自由	移動の困難さを踏まえた避難の方法や体制及び避難後に必要となる支援体制を整備する。（車いすで避難する際の経路や人的体制の確保，移動が遅れる場合の対応方法の検討，避難後に必要な支援の一覧表の作成　等）
病弱	医療機関への搬送や必要とする医療機関からの支援を受けることが出来るようにするなど，子どもの病気に応じた支援体制を整備する。（病院へ搬送した場合の対応方法，救急隊員等への事前の連絡，急いで避難することが困難な児童生徒（心臓病等）が逃げ遅れないための支援　等）
言語障害	発語による連絡が難しい場合には，その代替手段により安否を伝える方法等を取り入れた避難訓練を行う。
自閉症・情緒障害	自閉症や情緒障害のある児童生徒は，災害時の環境の変化に適応することが難しく，極度に混乱した心理状態やパニックに陥ることを想定した支援体制を整備する。
学習障害	指示内容を素早く理解し，記憶することや，掲示物を読んで避難経路等を理解することが難しい場合等を踏まえた避難訓練に取り組む。（具体的で分かりやすい説明，不安感を持たずに行動ができるような避難訓練の継続　等）
注意欠陥多動性障害	落ち着きを失ったり，指示の途中で動いたりする傾向を踏まえた，避難訓練に取り組む。（項目を絞った短時間での避難指示，行動を過度に規制しない範囲で見守りやパニックの予防　等）

資料7

○3—1　校内環境のバリアフリー化

障害のある幼児児童生徒が安全かつ円滑に学校生活を送ることができるよう，障害の状態等に応じた環境にするために，スロープや手すり，便所，出入口，エレベーター等について施設の整備を計画する際に配慮する。また，既存の学校施設のバリアフリー化についても，障害のある幼児児童生徒の在籍状況等を踏まえ，学校施設に関する合理的な整備計画を策定し，計画的にバリアフリー化を推進できるよう配慮する。

視覚障害	校内での活動や移動に支障がないように校内環境を整備する。(廊下等も含めて校内の十分な明るさの確保，分かりやすい目印，段差等を明確に分かるようにして安全を確保する　等)
聴覚障害	放送等の音声情報を視覚的に受容することができる校内環境を整備する。(教室等の字幕放送受信システム　等)
知的障害	自主的な移動を促せるよう，動線や目的の場所が視覚的に理解できるようにするなどの校内環境を整備する。
肢体不自由	車いすによる移動やつえを用いた歩行ができるように，教室配置の工夫や施設改修を行う。(段差の解消，スロープ，手すり，開き戸，自動ドア，エレベーター，障害者用トイレの設置　等)
病弱	心臓病等のため階段を使用しての移動が困難な場合や児童生徒が自ら医療上の処置(二分脊椎症等の自己導尿等)を必要とする場合等に対応できる施設・設備を整備する。
自閉症・情緒障害	自閉症の特性を考慮し，備品等を分かりやすく配置したり，動線や目的の場所が視覚的に理解できるようにしたりなどする。

○3—2　発達，障害の状態及び特性等に応じた指導ができる施設・設備の配慮

幼児児童生徒一人一人が障害の状態等に応じ，十分に学習に取り組めるよう，必要に応じて様々な教育機器等の導入や施設の整備を行う。また，一人一人の障害の状態，障害の特性，認知特性，体の動き，感覚等に応じて，その持てる能力を最大限活用して自主的，自発的に学習や生活ができるよう，各教室等の施設・設備について，分かりやすさ等に配慮を行うとともに，日照，室温，音の影響等に配慮する。さらに，心のケアを必要とする幼児児童生徒への配慮を行う。

視覚障害	見えやすいように環境を整備する。(眩しさを防ぐために光の調整を可能にする設備(ブラインドやカーテン，スタンド等)必要に応じて教室に拡大読書器を設置する　等)
聴覚障害	教室等の聞こえの環境を整備する。(絨毯・畳の指導室の確保，行事における進行次第や挨拶文，劇の台詞等の文字表示　等)
知的障害	危険性を予知できないことによる高所からの落下やけが等が見られる

183

	ことから，安全性を確保した校内環境を整備する。また，必要に応じて，生活力の向上が必要であることから，生活体験を主とした活動を可能にする場を用意する。
肢体不自由	上肢や下肢の動きの制約に対して施設・設備を工夫又は改修するとともに，車いす等で移動しやすいような空間を確保する。（上下式のレバーの水栓，教室内を車いすで移動できる空間，廊下の障害物除去，姿勢を変換できる場所，休憩スペースの設置等）
病弱	病気の状態に応じて，健康状態や衛生状態の維持，心理的な安定等を考慮した施設・設備を整備する。（色素性乾皮症の場合の紫外線カットフィルム，相談や箱庭等の心理療法を活用できる施設，落ち着けない時や精神状態が不安定な時の児童生徒が落ち着ける空間の確保等）
自閉症・情緒障害	衝動的な行動によるけが等が見られることから，安全性を確保した校内環境を整備する。また，興奮が収まらない場合を想定し，クールダウン等のための場所を確保するとともに，必要に応じて，自閉症特有の感覚（明るさやちらつきへの過敏性等）を踏まえた校内環境を整備する。
学習障害	類似した情報が混在していると，必要な情報を選択することが困難になるため，不要な情報を隠したり，必要な情報だけが届くようにしたりできるように校内の環境を整備する。（余分な物を覆うカーテンの設置，視覚的にわかりやすいような表示　等）
注意欠陥多動性障害	注意集中が難しいことや衝動的に行動してしまうこと，落ち着きを取り戻す場所が必要なこと等を考慮した施設・設備を整備する。（余分なものを覆うカーテンの設置，照明器具等の防護対策，危険な場所等の危険防止柵の設置，静かな小部屋の設置　等）

別表11

○3－3　災害時等への対応に必要な施設・設備の配慮

災害時等への対応のため，障害の状態等に応じた施設・設備を整備する。

視覚障害	避難経路に明確な目印や照明を設置する。
聴覚障害	緊急情報を視覚的に受容することができる設備を設置する。
知的障害	災害等発生後における行動の仕方が分からないことによる混乱した心理状態に対応できるように，簡潔な導線，分かりやすい設備の配置，明るさの確保等を考慮して施設・設備を整備する。
肢体不自由	移動の困難さに対して避難経路を確保し，必要な施設・設備の整備を行うとともに，災害等発生後の必要な物品を準備する。（車いす，担架，非常用電源や手動で使える機器　等）
病弱	災害等発生時については病気のため迅速に避難できない児童生徒の避難経路を確保する，災害等発生後については薬や非常用電源の確保す

	るとともに，長期間の停電に備え手動で使える機器等を整備する。
自閉症・情緒障害	災害等発生後における環境の変化に適応できないことによる心理状態（パニック等）を想定し，外部からの刺激を制限できるような避難場所及び施設・設備を整備する。
注意欠陥多動性障害	災害等発生後，避難場所において落ち着きを取り戻す場所が必要なことを考慮した静かな小空間等を確保する。

[資料8]

発達障害者支援法（抄）

（平成16.12.10　法律第167号）
（改正　平成28. 6. 3　法律第 64号）

第一章　総則

（目的）

第一条　この法律は，発達障害者の心理機能の適正な発達及び円滑な社会生活の促進のために発達障害の症状の発現後できるだけ早期に発達支援を行うとともに，切れ目なく発達障害者の支援を行うことが特に重要であることに鑑み，障害者基本法（昭和四十五年法律第八十四号）の基本的な理念にのっとり，発達障害者が基本的人権を享有する個人としての尊厳にふさわしい日常生活又は社会生活を営むことができるよう，発達障害を早期に発見し，発達支援を行うことに関する国及び地方公共団体の責務を明らかにするとともに，学校教育における発達障害者への支援，発達障害者の就労の支援，発達障害者支援センターの指定等について定めることにより，発達障害者の自立及び社会参加のためのその生活全般にわたる支援を図り，もって全ての国民が，障害の有無によって分け隔てられることなく，相互に人格と個性を尊重し合いながら共生する社会の実現に資することを目的とする。

（定義）

第二条　この法律において「発達障害」とは，自閉症，アスペルガー症候群その他の広汎性発達障害，学習障害，注意欠陥多動性障害その他これに類する脳機能の障害であってその症状が通常低年齢において発現するものとして政令で定めるものをいう。

2　この法律において「発達障害者」とは，発達障害がある者であって発達障害及び社会的障壁により日常生活又は社会生活に制限を受けるものをいい，「発達障害児」とは，発達障害者のうち十八歳未満のものをいう。

いう。

3　この法律において「社会的障壁」とは，発達障害がある者にとって日常生活又は社会生活を営む上で障壁となるような社会における事物，制度，慣行，観念その他一切のものをいう。

4　この法律において「発達支援」とは，発達障害者に対し，その心理機能の適正な発達を支援し，及び円滑な社会生活を促進するため行う個々の発達障害者の特性に対応した医療的，福祉的及び教育的援助をいう。

（基本理念）

第二条の二　発達障害者の支援は，全ての発達障害者が社会参加の機会が確保されること及びどこで誰と生活するかについての選択の機会が確保され，地域社会において他の人々と共生することを妨げられないことを旨として，行われなければならない。

2　発達障害者の支援は，社会的障壁の除去に資することを旨として，行われなければならない。

3　発達障害者の支援は，個々の発達障害者の性別，年齢，障害の状態及び生活の実態に応じて，かつ，医療，保健，福祉，教育，労働等に関する業務を行う関係機関及び民間団体相互の緊密な連携の下に，その意思決定の支援に配慮しつつ，切れ目なく行われなければならない。

第二章　児童の発達障害の早期発見及び発達障害者の支援のための施策

（教育）

第八条　国及び地方公共団体は，発達障害児（十八歳以上の発達障害者であって高等学校，中等教育学校及び特別支援学校並びに専修学校の高等課程に在学する者を含む。

以下この項において同じ。）が，その年齢
及び能力に応じ，かつ，その特性を踏まえ
た十分な教育を受けられるようにするた
め，可能な限り発達障害児が発達障害児で
ない児童と共に教育を受けられるよう配慮
しつつ，適切な教育的支援を行うこと，個
別の教育支援計画の作成（教育に関する業
務を行う関係機関と医療，保健，福祉，労
働等に関する業務を行う関係機関及び民間
団体との連携の下に行う個別の長期的な支
援に関する計画の作成をいう。）及び個別
の指導に関する計画の作成の推進，いじめ
の防止等のための対策の推進その他の支援
体制の整備を行うことその他必要な措置を
講じるものとする。

2　大学及び高等専門学校は，個々の発達障
害者の特性に応じ，適切な教育上の配慮を
するものとする。

［資料9］

教育基本法（抄）

（昭和22. 3.31　法律第 25号）
（改正　平成18.12.22　法律第120号）

前文

我々日本国民は，たゆまぬ努力によって築いてきた民主的で文化的な国家を更に発展させるとともに，世界の平和と人類の福祉の向上に貢献することを願うものである。

我々は，この理想を実現するため，個人の尊厳を重んじ，真理と正義を希求し，公共の精神を尊び，豊かな人間性と創造性を備えた人間の育成を期するとともに，伝統を継承し，新しい文化の創造を目指す教育を推進する。

ここに，我々は，日本国憲法の精神にのっとり，我が国の未来を切り拓く教育の基本を確立し，その振興を図るため，この法律を制定する。

第一章　教育の目的及び理念

（教育の目的）

第一条　教育は，人格の完成を目指し，平和で民主的な国家及び社会の形成者として必要な資質を備えた心身ともに健康な国民の育成を期して行われなければならない。

（教育の目標）

第二条　教育は，その目的を実現するため，学問の自由を尊重しつつ，次に掲げる目標を達成するよう行われるものとする。

一　幅広い知識と教養を身に付け，真理を求める態度を養い，豊かな情操と道徳心を培うとともに，健やかな身体を養うこと。

二　個人の価値を尊重して，その能力を伸ばし，創造性を培い，自主及び自律の精神を養うとともに，職業及び生活との関連を重視し，勤労を重んずる態度を養うこと。

三　正義と責任，男女の平等，自他の敬愛と協力を重んずるとともに，公共の精神に基づき，主体的に社会の形成に参画し，その発展に寄与する態度を養うこと。

四　生命を尊び，自然を大切にし，環境の保全に寄与する態度を養うこと。

五　伝統と文化を尊重し，それらをはぐくんできた我が国と郷土を愛するとともに，他国を尊重し，国際社会の平和と発展に寄与する態度を養うこと。

（教育の機会均等）

第四条　すべて国民は，ひとしく，その能力に応じた教育を受ける機会を与えられなければならず，人種，信条，性別，社会的身分，経済的地位又は門地によって，教育上差別されない。

2　国及び地方公共団体は，障害のある者が，その障害の状態に応じ，十分な教育を受けられるよう，教育上必要な支援を講じなければならない。

3　国及び地方公共団体は，能力があるにもかかわらず，経済的理由によって修学が困難な者に対して，奨学の措置を講じなければならない。

第二章　教育の実施に関する基本

（義務教育）

第五条　国民は，その保護する子に，別に法律で定めるところにより，普通教育を受けさせる義務を負う。

2　義務教育として行われる普通教育は，各個人の有する能力を伸ばしつつ社会において自立的に生きる基礎を培い，また，国家及び社会の形成者として必要とされる基本的な資質を養うことを目的として行われるものとする。

3　国及び地方公共団体は，義務教育の機会を保障し，その水準を確保するため，適切な役割分担及び相互の協力の下，その実施に責任を負う。

4　国又は地方公共団体の設置する学校における義務教育については，授業料を徴収しない。

[**資料10**]

学校教育法（抄）

（昭和22.3.31　法律第26号）
（改正　令和 4.6.22　法律第76号）

第二章　義務教育

第十六条　保護者（子に対して親権を行う者
（親権を行う者のないときは，未成年後見
人）をいう。以下同じ。）は，次条に定め
るところにより，子に九年の普通教育を受
けさせる義務を負う。

第十七条　保護者は，子の満六歳に達した日
の翌日以後における最初の学年の初めか
ら，満十二歳に達した日の属する学年の終
わりまで，これを小学校，義務教育学校の
前期課程又は特別支援学校の小学部に就学
させる義務を負う。ただし，子が，満十二
歳に達した日の属する学年の終わりまでに
小学校の課程，義務教育学校の前期課程又
は特別支援学校の小学部の課程を修了しな
いときは，満十五歳に達した日の属する学
年の終わり（それまでの間においてこれら
の課程を修了したときは，その修了した日
の属する学年の終わり）までとする。

② 保護者は，子が小学校の課程，義務教育
学校の前期課程又は特別支援学校の小学部
の課程を修了した日の翌日以後における最
初の学年の初めから，満十五歳に達した日
の属する学年の終わりまで，これを中学
校，義務教育学校の後期課程，中等教育学
校の前期課程又は特別支援学校の中学部に
就学させる義務を負う。

③ 前二項の義務の履行の督促その他これら
の義務の履行に関し必要な事項は，政令で
定める。

第十八条　前条第一項又は第二項の規定によ
つて，保護者が就学させなければならない
子（以下それぞれ「学齢児童」又は「学齢
生徒」という。）で，病弱，発育不完全そ
の他やむを得ない事由のため，就学困難と
認められる者の保護者に対しては，市町村

の教育委員会は，文部科学大臣の定めると
ころにより，同条第一項又は第二項の義務
を猶予又は免除することができる。

第八章　特別支援教育

第七十二条　特別支援学校は，視覚障害者，
聴覚障害者，知的障害者，肢体不自由者又
は病弱者（身体虚弱者を含む。以下同じ。）
に対して，幼稚園，小学校，中学校又は高
等学校に準ずる教育を施すとともに，障害
による学習上又は生活上の困難を克服し自
立を図るために必要な知識技能を授けるこ
とを目的とする。

第七十三条　特別支援学校においては，文部
科学大臣の定めるところにより，前条に規
定する者に対する教育のうち当該学校が行
うものを明らかにするものとする。

第七十四条　特別支援学校においては，第
七十二条に規定する目的を実現するための
教育を行うほか，幼稚園，小学校，中学
校，義務教育学校，高等学校又は中等教育
学校の要請に応じて，第八十一条第一項に
規定する幼児，児童又は生徒の教育に関し
必要な助言又は援助を行うよう努めるもの
とする。

第七十五条　第七十二条に規定する視覚障害
者，聴覚障害者，知的障害者，肢体不自由
者又は病弱者の障害の程度は，政令で定め
る。

第七十六条　特別支援学校には，小学部及び
中学部を置かなければならない。ただし，
特別の必要のある場合においては，そのい
ずれかのみを置くことができる。

② 特別支援学校には，小学部及び中学部の
ほか，幼稚部又は高等部を置くことがで
き，また，特別の必要のある場合において
は，前項の規定にかかわらず，小学部及び

中学部を置かないで幼稚部又は高等部のみを置くことができる。

第七十七条 特別支援学校の幼稚部の教育課程その他の保育内容，小学部及び中学部の教育課程又は高等部の学科及び教育課程に関する事項は，幼稚園，小学校，中学校又は高等学校に準じて，文部科学大臣が定める。

第七十八条 特別支援学校には，寄宿舎を設けなければならない。ただし，特別の事情のあるときは，これを設けないことができる。

第七十九条 寄宿舎を設ける特別支援学校には，寄宿舎指導員を置かなければならない。

② 寄宿舎指導員は，寄宿舎における幼児，児童又は生徒の日常生活上の世話及び生活指導に従事する。

第八十条 都道府県は，その区域内にある学齢児童及び学齢生徒のうち，視覚障害者，聴覚障害者，知的障害者，肢体不自由者又は病弱者で，その障害が第七十五条の政令で定める程度のものを就学させるに必要な特別支援学校を設置しなければならない。

第八十一条 幼稚園，小学校，中学校，義務教育学校，高等学校及び中等教育学校においては，次項各号のいずれかに該当する幼児，児童及び生徒その他教育上特別の支援を必要とする幼児，児童及び生徒に対し，文部科学大臣の定めるところにより，障害による学習上又は生活上の困難を克服するための教育を行うものとする。

② 小学校，中学校，義務教育学校，高等学校及び中等教育学校には，次の各号のいずれかに該当する児童及び生徒のために，特別支援学級を置くことができる。

一　知的障害者

二　肢体不自由者

三　身体虚弱者

四　弱視者

五　難聴者

六　その他障害のある者で，特別支援学級において教育を行うことが適当なもの

③ 前項に規定する学校においては，疾病により療養中の児童及び生徒に対して，特別支援学級を設け，又は教員を派遣して，教育を行うことができる。

学校教育法施行令（抄）

$$\begin{pmatrix}昭和28.10.31 & 政令第340号\\改正 \quad 令和 \ 4.12.28 & 政令第403号\end{pmatrix}$$

第一章　就学義務
第一節　学齢簿
（学齢簿の編製）

第二条　市町村の教育委員会は，毎学年の初めから五月前までに，文部科学省令で定める日現在において，当該市町村に住所を有する者で前学年の初めから終わりまでの間に満六歳に達する者について，あらかじめ，前条第一項の学齢簿を作成しなければならない。この場合においては，同条第二項から第四項までの規定を準用する。

第二節　小学校，中学校，義務教育学校及び中等教育学校
（入学期日等の通知，学校の指定）

第五条　市町村の教育委員会は，就学予定者（法第十七条第一項又は第二項の規定により，翌学年の初めから小学校，中学校，義務教育学校，中等教育学校又は特別支援学校に就学させるべき者をいう。以下同じ。）のうち，認定特別支援学校就学者（視覚障害者，聴覚障害者，知的障害者，肢体不自由者又は病弱者（身体虚弱者を含む。）で，その障害が，第二十二条の三の表に規定する程度のもの（以下「視覚障害者等」という。）のうち，当該市町村の教育委員会が，その者の障害の状態，その者の教育上必要な支援の内容，地域における教育の体制の整備の状況その他の事情を勘案して，その住所の存する都道府県の設置する特別支援学校に就学させることが適当であると認める者をいう。以下同じ。）以外の者について，その保護者に対し，翌学年の初めから二月前までに，小学校，中学校又は義務教育学校の入学期日を通知しなければならない。

2　市町村の教育委員会は，当該市町村の設置する小学校及び義務教育学校学校の数の合計数が二以上である場合又は当該市町村の設置する中学校（法第七十一条の規定により高等学校における教育と一貫した教育を施すもの（以下「併設型中学校」という。）を除く。以下この項，次条第七号，第六条の三第一項，第七条及び第八条において同じ。）及び義務教育学校の数の合計数が二以上である場合においては，前項の通知において当該就学予定者の就学すべき小学校，中学校を又は義務教育学校を指定しなければならない。

3　前二項の規定は，第九条第一項又は第十七条の届出のあつた就学予定者については，適用しない。

第三節　特別支援学校
（特別支援学校への就学についての通知）

第十一条　市町村の教育委員会は，第二条に規定する者のうち認定特別支援学校就学者につい

て，都道府県の教育委員会に対し，翌学年の初めから三月前までに，その氏名及び特別支援学校に就学させるべき旨を通知しなければならない。

2　市町村の教育委員会は，前項の通知をするときは，都道府県の教育委員会に対し，同項の通知に係る者の学齢簿の謄本（第一条第三項の規定により磁気ディスクをもつて学齢簿を調製している市町村の教育委員会にあつては，その者の学齢簿に記録されている事項を記載した書類）を送付しなければならない。

3　前二項の規定は，第九条第一項又は第十七条の届出のあつた者については，適用しない。

第十一条の二　前条の規定は，小学校又は義務教育学校の前期課程に在学する学齢児童のうち視覚障害者等で翌学年の初めから特別支援学校の中学部に就学させるべき者として認定特別支援学校就学者の認定をしたものについて準用する。

第十一条の三　第十一条の規定は，第二条の規定により文部科学省令で定める日の翌日以後の住所地の変更により当該市町村の教育委員会が作成した学齢簿に新たに記載された児童生徒等のうち認定特別支援学校就学者について準用する。この場合において，第十一条第一項中「翌学年の初めから三月前までに」とあるのは，「翌学年の初めから三月前までに（翌学年の初日から三月前の応当する日以後に当該学齢簿に新たに記載された場合にあつては，速やかに）」と読み替えるものとする。

2　第十一条の規定は，第十条又は第十八条の通知を受けた学齢児童又は学齢生徒のうち認定特別支援学校就学者について準用する。この場合において，第十一条第一項中「翌学年の初めから三月前までに」とあるのは，「速やかに」と読み替えるものとする。

（特別支援学校の入学期日等の通知，学校の指定）

第十四条　都道府県の教育委員会は，第十一条第一項（第十一条の二，第十一条の三，第十二条第二項及び第十二条の二第二項において準用する場合を含む。）の通知を受けた児童生徒等及び特別支援学校の新設，廃止等によりその就学させるべき特別支援学校を変更する必要を生じた児童生徒等について，その保護者に対し，第十一条第一項（第十一条の二において準用する場合を含む。）の通知を受けた児童生徒等にあつては翌学年の初めから二月前までに，その他の児童生徒等にあつては速やかに特別支援学校の入学期日を通知しなければならない。

2　都道府県の教育委員会は，当該都道府県の設置する特別支援学校が二校以上ある場合においては，前項の通知において当該児童生徒等を就学させるべき特別支援学校を指定しなければならない。

3　前二項の規定は，前条の通知を受けた児童生徒等については，適用しない。

第十八条　学齢児童及び学齢生徒のうち視覚障害者等でその住所の存する都道府県の設置する特別支援学校以外の特別支援学校に在学するものが，特別支援学校の小学部又は中学部の全課程を修了する前に退学したときは，当該特別支援学校の校長は，速やかに，その旨を当該学齢児童又は学齢生徒の住所の存する市町村の教育委員会に通知しなければならない。

第三節の二　保護者及び視覚障害者等の就学に関する専門的知識を有する者の意見聴取

第十八条の二　市町村の教育委員会は，児童生徒等のうち視覚障害者等について，第五条（第六条（第二号を除く。）において準用する場合を含む。）又は第十一条第一項（第十一条の二，第十一条の三，第十二条第二項及び第十二条の二第二項において準用する場合を含む。）の通知をしようとするときは，その保護者及び教育学，医学，心理学その他の障害のある児童生徒等の就学に関する専門的知識を有する者の意見を聴くものとする。

第五節　就学義務の終了

（全課程修了者の通知）

第二十二条　小学校，中学校，義務教育学校，中等教育学校及び特別支援学校の校長は，毎学年の終了後，速やかに，小学校，中学校，義務教育学校の前期課程若しくは後期課程，中等教育学校の前期課程又は特別支援学校の小学部若しくは中学部の全課程を修了した者の氏名をその者の住所の存する市町村の教育委員会に通知しなければならない。

第六節　行政手続法の適用除外

（行政手続法第三章の規定を適用しない処分）

第二十二条の二　法第百三十八条の政令で定める処分は，第五条第一項及び第二項（これらの規定を第六条において準用する場合を含む。）並びに第十四条第一項及び第二項の規定による処分とする。

第二章　視覚障害者等の障害の程度

第二十二条の三　法第七十五条の政令で定める視覚障害者，聴覚障害者，知的障害者，肢体不自由者又は病弱者の障害の程度は，次の表に掲げるとおりとする。

区分	障害の程度
視覚障害者	両眼の視力がおおむね〇・三未満のもの又は視力以外の視機能障害が高度のもののうち，拡大鏡等の使用によつても通常の文字，図形等の視覚による認識が不可能又は著しく困難な程度のもの
聴覚障害者	両耳の聴力レベルがおおむね六〇デシベル以上のもののうち，補聴器等の使用によつても通常の話声を解することが不可能又は著しく困難な程度のもの
知的障害者	一　知的発達の遅滞があり，他人との意思疎通が困難で日常生活を営むのに頻繁に　援助を必要とする程度のもの 二　知的発達の遅滞の程度が前号に掲げる程度に達しないもののうち，社会生活への適応が著しく困難なもの
肢体不自由者	一　肢体不自由の状態が補装具の使用によつても歩行，筆記等日常生活における基本的な動作が不可能又は困難な程度のもの 二　肢体不自由の状態が前号に掲げる程度に達しないもののうち，常時の医学的観察指導を必要とする程度のもの
病弱者	一　慢性の呼吸器疾患，腎臓疾患及び神経疾患，悪性新生物その他の疾患の状態が継続して医療又は生活規制を必要とする程度のもの 二　身体虚弱の状態が継続して生活規制を必要とする程度のもの

資料

備考　一　視力の測定は，万国式試視力表によるものとし，屈折異常があるものについては，
　　　　　矯正視力によつて測定する。
　　　二　聴力の測定は，日本工業規格によるオージオメータによる。

[資料12]

学校教育法施行規則（抄）

（昭和22．5．23　文部省令第11号
　改正　　令和5．3．31　文部科学省令第18号）

第八章　特別支援教育

第百二十六条　特別支援学校の小学部の教育課程は，国語，社会，算数，理科，生活，音楽，図画工作，家庭，体育及び外国語の各教科，特別の教科である道徳，外国語活動，総合的な学習の時間，特別活動並びに自立活動によつて編成するものとする。

2　前項の規定にかかわらず，知的障害者である児童を教育する場合は，生活，国語，算数，音楽，図画工作及び体育の各教科，特別の教科である道徳，特別活動並びに自立活動によつて教育課程を編成するものとする。ただし，必要がある場合には，外国語活動を加えて教育課程を編成することができる。

第百二十七条　特別支援学校の中学部の教育課程は，国語，社会，数学，理科，音楽，美術，保健体育，技術・家庭及び外国語の各教科，特別の教科である道徳，総合的な学習の時間，特別活動並びに自立活動によつて編成するものとする。

2　前項の規定にかかわらず，知的障害者である生徒を教育する場合は，国語，社会，数学，理科，音楽，美術，保健体育及び職業・家庭の各教科，特別の教科である道徳，総合的な学習の時間，特別活動並びに自立活動によつて教育課程を編成するものとする。ただし，必要がある場合には，外国語科を加えて教育課程を編成することができる。

第百二十八条　特別支援学校の高等部の教育課程は，別表第三及び別表第五に定める各教科に属する科目，総合的な探究の時間，特別活動並びに自立活動によつて編成するものとする。

2　前項の規定にかかわらず，知的障害者で

ある生徒を教育する場合は，国語，社会，数学，理科，音楽，美術，保健体育，職業，家庭，外国語，情報，家政，農業，工業，流通・サービス及び福祉の各教科，第百二十九条に規定する特別支援学校高等部学習指導要領で定めるこれら以外の教科及び特別の教科である道徳，総合的な探究の時間，特別活動並びに自立活動によつて教育課程を編成するものとする。

第百二十九条　特別支援学校の幼稚部の教育課程その他の保育内容並びに小学部，中学部及び高等部の教育課程については，この章に定めるもののほか，教育課程その他の保育内容又は教育課程の基準として文部科学大臣が別に公示する特別支援学校幼稚部教育要領，特別支援学校小学部・中学部学習指導要領及び特別支援学校高等部学習指導要領によるものとする。

第百三十条　特別支援学校の小学部，中学部又は高等部においては，特に必要がある場合は，第百二十六条から第百二十八条までに規定する各教科（次項において「各教科」という。）又は別表第三及び別表第五に定める各教科に属する科目の全部又は一部について，合わせて授業を行うことができる。

2　特別支援学校の小学部，中学部又は高等部においては，知的障害者である児童若しくは生徒又は複数の種類の障害を併せ有する児童若しくは生徒を教育する場合において特に必要があるときは，各教科，特別の教科である道徳，外国語活動，特別活動及び自立活動の全部又は一部について，合わせて授業を行うことができる。

第百三十一条　特別支援学校の小学部，中学部又は高等部において，複数の種類の障害

を併せ有する児童若しくは生徒を教育する場合又は教員を派遣して教育を行う場合において，特に必要があるときは，第百二十六条から第百二十九条までの規定にかかわらず，特別の教育課程によることができる。

2　前項の規定により特別の教育課程による場合において，文部科学大臣の検定を経た教科用図書又は文部科学省が著作の名義を有する教科用図書を使用することが適当でないときは，当該学校の設置者の定めるところにより，他の適切な教科用図書を使用することができる。

3　第五十六条の五の規定は，学校教育法附則第九条第二項において準用する同法第三十四条第二項又は第三項の規定により前項の他の適切な教科用図書に代えて使用する教材について準用する。

第百三十二条　特別支援学校の小学部，中学部又は高等部の教育課程に関し，その改善に資する研究を行うため特に必要があり，かつ，児童又は生徒の教育上適切な配慮がなされていると文部科学大臣が認める場合においては，文部科学大臣が別に定めるところにより，第百二十六条から第百二十九条までの規定によらないことができる。

第百三十二条の二　文部科学大臣が，特別支援学校の小学部，中学部又は高等部において，当該特別支援学校又は当該特別支援学校が設置されている地域の実態に照らし，より効果的な教育を実施するため，当該特別支援学校又は当該地域の特色を生かした特別の教育課程を編成して教育を実施する必要があり，かつ，当該特別の教育課程について，教育基本法及び学校教育法第七十二条の規定等に照らして適切であり，児童又は生徒の教育上適切な配慮がなされているものとして文部科学大臣が定める基準を満たしていると認める場合においては，文部科学大臣が別に定めるところにより，第百二十六条から第百二十九条までの

規定の一部又は全部によらないことができる。

第百三十二条の三　特別支援学校の小学部，中学部又は高等部において，日本語に通じない児童又は生徒のうち，当該児童又は生徒の日本語を理解し，使用する能力に応じた特別の指導を行う必要があるものを教育する場合には，文部科学大臣が別に定めるところにより，第百二十六条から第百二十九条までの規定にかかわらず，特別の教育課程によることができる。

第百三十二条の四　前条の規定により特別の教育課程による場合においては，校長は，児童又は生徒が設置者の定めるところにより他の小学校，中学校，義務教育学校，高等学校，中等教育学校又は特別支援学校の小学部，中学部若しくは高等部において受けた授業を，当該児童又は生徒の在学する特別支援学校の小学部，中学部又は高等部において受けた当該特別の教育課程に係る授業とみなすことができる。

第百三十二条の五　特別支援学校の小学部又は中学部において，学齢を経過した者のうち，その者の年齢，経験又は勤労の状況その他の実情に応じた特別の指導を行う必要があるものを夜間その他特別の時間において教育する場合には，文部科学大臣が別に定めるところにより，第百二十六条，第百二十七条及び第百二十九条の規定にかかわらず，特別の教育課程によることができる。

第百三十三条　校長は，生徒の特別支援学校の高等部の全課程の修了を認めるに当たつては，特別支援学校高等部学習指導要領に定めるところにより行うものとする。ただし，第百三十二条又は第百三十二条の二の規定により，特別支援学校の高等部の教育課程に関し第百二十八条及び第百二十九条の規定によらない場合においては，文部科学大臣が別に定めるところにより行うものとする。

2　前項前段の規定により全課程の修了の要件として特別支援学校高等部学習指導要領の定めるところにより校長が定める単位数又は授業時数のうち，第百三十五条第五項において準用する第八十八条の三に規定する授業の方法によるものは，それぞれ全課程の修了要件として定められた単位数又は授業時数の二分の一に満たないものとする。ただし，疾病による療養のため又は障害のため，病院その他の適当な場所で医療の提供その他の支援を受ける必要がある生徒であつて，相当の期間特別支援学校を欠席すると認められるもの又は教員を派遣して教育を行う必要があると認められるものについては，この限りでない。

第百三十四条　特別支援学校の高等部における通信教育に関する事項は，別に定める。

第百三十四条の二　校長は，特別支援学校に在学する児童等について個別の教育支援計画（学校と医療，保健，福祉，労働等に関する業務を行う関係機関及び民間団体（次項において「関係機関等」という。）との連携の下に行う当該児童等に対する長期的な支援に関する計画をいう。）を作成しなければならない。

2　校長は，前項の規定により個別の教育支援計画を作成するに当たつては，当該児童等又はその保護者の意向を踏まえつつ，あらかじめ，関係機関等と当該児童等の支援に関する必要な情報の共有を図らなければならない。

第百三十五条　第四十三条から第四十九条まで（第四十六条を除く。），第五十四条，第五十九条から第六十三条まで，第六十五条から第六十八条まで，第八十二条及び第百条の三の規定は，特別支援学校に準用する。この場合において，同条中「第百四条第一項」とあるのは，「第百三十五条第一項」と読み替えるものとする。

2　第五十六条の五から第五十八条まで，第六十四条及び第八十九条の規定は，特別支援学校の小学部，中学部及び高等部に準用する。

3　第三十五条，第五十条第二項及び第五十三条の規定は，特別支援学校の小学部に準用する。

4　第三十五条，第五十条第二項，第七十条，第七十一条及び第七十七条の二から第七十八条の二までの規定は，特別支援学校の中学部に準用する。

5　第七十条，第七十一条，第七十八条の二，第八十一条，第八十八条の三，第九十条第一項から第三項まで，第九十一条から第九十五条まで，第九十七条第一項及び第二項，第九十八条から第百条の二まで並びに第百四条第三項の規定は，特別支援学校の高等部に準用する。この場合において，第九十七条第一項及び第二項中「他の高等学校又は中等教育学校の後期課程」とあるのは「他の特別支援学校の高等部，高等学校又は中等教育学校の後期課程」と，同条第二項中「当該他の高等学校又は中等教育学校」とあるのは「当該他の特別支援学校，高等学校又は中等教育学校」と読み替えるものとする。

第百三十六条　小学校，中学校若しくは義務教育学校又は中等教育学校の前期課程における特別支援学級の一学級の児童又は生徒の数は，法令に特別の定めのある場合を除き，十五人以下を標準とする。

第百三十七条　特別支援学級は，特別の事情のある場合を除いては，学校教育法第八十一条第二項各号に掲げる区分に従つて置くものとする。

第百三十八条　小学校，中学校若しくは義務教育学校又は中等教育学校の前期課程における特別支援学級に係る教育課程については，特に必要がある場合は，第五十条第一項（第七十九条の六第一項において準用する場合を含む。），第五十一条，第五十二条（第七十九条の六第一項において準用する場合を含む。），第五十二条の三，第七十二

条（第七十九条の六第二項及び第百八条第一項において準用する場合を含む。），第七十三条，第七十四条（第七十九条の六第二項及び第百八条第一項において準用する場合を含む。），第七十四条の三，第七十六条，第七十九条の五（第七十九条の十二において準用する場合を含む。）及び第百七条（第百十七条において準用する場合を含む。）の規定にかかわらず，特別の教育課程によることができる。

第百三十九条 前条の規定により特別の教育課程による特別支援学級においては，文部科学大臣の検定を経た教科用図書を使用することが適当でない場合には，当該特別支援学級を置く学校の設置者の定めるところにより，他の適切な教科用図書を使用することができる。

2 第五十六条の五の規定は，学校教育法附則第九条第二項において準用する同法第三十四条第二項又は第三項の規定により前項の他の適切な教科用図書に代えて使用する教材について準用する。

第百三十九条の二 第三十四条の二の規定は，小学校，中学校若しくは義務教育学校又は中等教育学校の前期課程における特別支援学級の児童又は生徒について準用する。

第百四十条 小学校，中学校，義務教育学校，高等学校又は中等教育学校において，次の各号のいずれかに該当する児童又は生徒（特別支援学級の児童及び生徒を除く。）のうち当該障害に応じた特別の指導を行う必要があるものを教育する場合には，文部科学大臣が別に定めるところにより，第五十条第一項（第七十九条の六第一項において準用する場合を含む。），第五十一条，第五十二条（第七十九条の六第一項において準用する場合を含む。），第五十二条の三，第七十二条（第七十九条の六第二項及び第百八条第一項において準用する場合を含む。），第七十三条，第七十四条（第七十九条の六第二項及び第百八条第一項において準用する場合を含む。），第七十四条の三，第七十六条，第七十九条の五（第七十九条の十二において準用する場合を含む。），第八十三条及び第八十四条（第百八条第二項において準用する場合を含む。）並びに第百七条（第百十七条において準用する場合を含む。）の規定にかかわらず，特別の教育課程によることができる。

一 言語障害者
二 自閉症者
三 情緒障害者
四 弱視者
五 難聴者
六 学習障害者
七 注意欠陥多動性障害者
八 その他障害のある者で，この条の規定により特別の教育課程による教育を行うことが適当なもの

第百四十一条 前条の規定により特別の教育課程による場合においては，校長は，児童又は生徒が，当該小学校，中学校，義務教育学校，高等学校又は中等教育学校の設置者の定めるところにより他の小学校，中学校，義務教育学校，高等学校，中等教育学校又は特別支援学校の小学部，中学部若しくは高等部において受けた授業を，当該小学校，中学校，義務教育学校，高等学校又は中等教育学校において受けた当該特別の教育課程に係る授業とみなすことができる。

第百四十一条の二 第三十四条の二の規定は，第百四十条の規定により特別の指導が行われている児童又は生徒について準用する。

附則 この省令は，令和五年四月一日から施行する。

[資料13]

公立義務教育諸学校の学級編制及び
教職員定数の標準に関する法律（抄）

$$\left(\begin{array}{ll} 昭和33.5.1 & 法律第116号 \\ 改正\quad 令和3.3.31 & 法律第14号 \end{array}\right)$$

（学級編制の標準）

第三条 公立の義務教育諸学校の学級は，同学年の児童又は生徒で編制するものとする。ただし，当該義務教育諸学校の児童又は生徒の数が著しく少ないかその他特別の事情がある場合においては，政令で定めるところにより，数学年の児童又は生徒を一学級に編制することができる。

2 　各都道府県ごとの，都道府県又は市（地方自治法（昭和二十二年法律第六十七号）第二百五十二条の十九第一項の指定都市（以下単に「指定都市」という。）を除き，特別区を含む。第八条第三号並びに第八条の二第一号及び第二号を除き，以下同じ。）町村の設置する小学校（義務教育学校の前期課程を含む。次条第二項において同じ。）又は中学校（義務教育学校の後期課程及び中等教育学校の前期課程を含む。同項において同じ。）の一学級の児童又は生徒の数の基準は，次の表の上欄に掲げる学校の種類及び同表の中欄に掲げる学級編制の区分に応じ，同表の下欄に掲げる数を標準として，都道府県の教育委員会が定める。ただし，都道府県の教育委員会は，当該都道府県における児童又は生徒の実態を考慮して特に必要があると認める場合については，この項本文の規定により定める数を下回る数を，当該場合に係る一学級の児童又は生徒の数の基準として定めることができる。

学校の種類	学級編制の区分	一学級の児童又は生徒の数
小学校（義務教育学校の前期課程を含む。）	同学年の児童で編制する学級	三十五人
	二の学年の児童で編制する学級	十六人（第一学年の児童を含む学級にあつては，八人）
	学校教育法第八十一条第二項及び第三項に規定する特別支援学級（以下この表及び第七条第一項第五号において単に「特別支援学級」という。）	八人
中学校（義務教育学校の後期課程及び中等教育学校の前期課程を含む。）	同学年の生徒で編制する学級	四十人
	二の学年の生徒で編制する学級	八人
	特別支援学級	八人

3 　各都道府県ごとの，都道府県又は市町村の設置する特別支援学校の小学部又は中学部の一

資料

　学級の児童又は生徒の数の基準は，六人（文部科学大臣が定める障害を二以上併せ有する児童又は生徒で学級を編制する場合にあつては，三人）を標準として，都道府県の教育委員会が定める。ただし，都道府県の教育委員会は，当該都道府県における児童又は生徒の実態を考慮して特に必要があると認める場合については，この項本文の規定により定める数を下回る数を，当該場合に係る一学級の児童又は生徒の数の基準として定めることができる。

［資料14］

公立高等学校の適正配置及び教職員定数の
標準等に関する法律（抄）

$$\left(\begin{array}{l}\text{昭和36.11. 6 法律第188号}\\\text{改正 令和 4.11.28 法律第 92号}\end{array}\right)$$

**第六章 公立の特別支援学校の高等部の学級
編制の標準**

（学級編制の標準）

第十四条 公立の特別支援学校の高等部の一
学級の生徒の数は，重複障害生徒（文部科
学大臣が定める障害を二以上併せ有する生
徒をいう。以下この条において同じ。）で
学級を編制する場合にあつては三人，重複
障害生徒以外の生徒で学級を編制する場合
にあつては八人を標準とする。ただし，や
むを得ない事情がある場合及び高等部を置
く特別支援学校を設置する都道府県又は市
町村の教育委員会が当該都道府県又は市町
村における生徒の実態を考慮して特に必要
があると認める場合については，この限り
でない。

さくいん

さくいん

［執筆者］

中瀬浩一（なかせ・こういち）

1986　大阪教育大学教育学部卒業
2001　大阪教育大学大学院教育学研究科修士課程修了
2015　兵庫教育大学大学院連合学校教育研究科博士課程修了
　　　博士（学校教育学）
現在　同志社大学免許資格課程センター教授
主著　『視覚・聴覚・言語障害児の医療・療育・教育』（共著，金芳堂，2011），『聴覚障害教育の歴史と展望』（共著，風間書房，2012），『福祉技術ハンドブック−健康な暮らしを支えるために−』（共著，朝倉書店，2013），『教育オーディオロジーハンドブック』（共編著，ジアース教育新社，2017）

井上智義（いのうえ・ともよし）

1978　京都大学教育学部卒業
1980　京都大学大学院教育学研究科博士前期課程修了
1982　京都大学大学院教育学研究科博士後期課程中途退学
1997　京都大学博士（教育学）
2005　同志社大学社会学部教授
2018　同志社大学名誉教授
主著　『教育の原理』（共著，樹村房，2016）『発達と教育』（共著，樹村房，2012），『誤解の理解』（編著，あいり出版，2009），『教育の方法』（共著，樹村房，2007），『福祉の心理学』（単著，サイエンス社，2004）

改訂　特別の教育的ニーズがある子どもの理解
　　──介護等体験でも役立つ知識と技能

2018年2月26日　初版第1刷発行
2021年9月2日　　初版第4刷
2024年3月19日　改訂第1刷発行

　　　　　　　　　　　　　著　　者　　中　瀬　浩　一
　　　　　　　　　　　　　　　　　　　井　上　智　義

〈検印廃止〉　　　　　　　発 行 者　　大　塚　栄　一

　　　　　　　　　　　　　発 行 所　　株式会社　樹村房
　　　　　　　　　　　　　　　　　　　　　　　　JUSONBO

　　　　　　　　　　　　　〒112-0002
　　　　　　　　　　　　　東京都文京区小石川5-11-7
　　　　　　　　　　　　　電　話　　03-3868-7321
　　　　　　　　　　　　　ＦＡＸ　　03-6801-5202
　　　　　　　　　　　　　振　替　　00190-3-93169
　　　　　　　　　　　　　https://www.jusonbo.co.jp/

　　　　　　　　　　　　　印刷・製本／亜細亜印刷株式会社